事業者必携

◆70歳雇用延長に対応!◆

入門図解 高年齢者雇用安定法の知識

社会保険労務士・
中小企業診断士
森島 大吾 監修

三修社

本書に関するお問い合わせについて

本書の記述の正誤、内容に関するお問い合わせは、お手数ですが、小社あてに郵便・ファックス・メールでお願いします。お電話でのお問い合わせはお受けしておりません。内容によっては、ご質問をお受けしてから回答をご送付するまでに１週間から２週間程度を要する場合があります。

なお、本書でとりあげていない事項や個別の案件についてのご相談、監修者紹介の可否については回答をさせていただくことができません。あらかじめご了承ください。

はじめに

労務管理は、「入口」と「出口」が重要と言われます。入口は、採用に関すること、出口は、退職に関することです。定年は退職のひとつで、これらの定年に関する規定を置いているのが高年齢者雇用安定法です。また、定年後再雇用についても、採用のひとつであることから、労務管理の出口・入口が同時に訪れるのが定年といえます。そのため、定年に関しては退職・採用に関する幅広い知識が必要となります。

現在、企業は65歳まで何らかの形で雇用を維持することが求められています。さらに、令和３年４月から70歳までの就業を確保することが努力義務となります。それに合わせ年金の受給年齢の選択肢の拡大、在職時の年金調整が労働者に有利になるなどの社会保険制度の改正も行われる予定です。社会保険制度は、定年などの労働環境と無関係ではありません。働ける間は仕事を続け、自ら生活費を稼ぎ、その後は、年金を受け取りながら生活するなど、雇用と年金をうまく接続させながら、高年齢者の生活を支えていく関係にあります。

本書は、雇用確保措置、高年齢者の労務管理だけでなく、年金制度、社会保険の手続きなども解説した入門書です。100％に近い企業が雇用確保措置を導入していることから、第１章から第３章では、定年制の廃止・引上げ、継続雇用制度、それに関わる労務管理を復習することができます。第４章では、新たに導入される70歳までの就業確保措置についても取り上げています。第５章以降では、高年齢者と関わりの深い年金制度や社会保険の手続きについて取り上げ、令和２年度の通常国会で審議された法改正の内容もフォローしています。

本書をご活用いただき、皆様のお役に立てていただければ監修者として幸いです。

監修者　社会保険労務士・中小企業診断士　森島　大吾

Contents

はじめに

序　章　高年齢者の雇用管理の全体像

1　高年齢者雇用安定法とはどのような法律なのか①　10
2　高年齢者雇用安定法とはどのような法律なのか②　13
3　高年齢者の労務管理などをどのように行うのがよいのか　15
Column　雇用確保措置をとらないとどうなる？　18

第１章　再雇用・勤務延長の法律知識

1　継続雇用制度について知っておこう　20
2　継続雇用の対象者について知っておこう　22
3　継続雇用制度の導入について知っておこう　24
4　さまざまなタイプの再雇用制度がある　28
5　再雇用制度を導入する場合の注意点について知っておこう　33
6　勤務延長制度導入の注意点について知っておこう　36
7　異なる会社での雇用でも継続雇用として認められるのか　38
8　継続雇用制度の導入についてどんなことがトラブルになるのか　41

第2章　定年年齢の引上げ・定年制の廃止に関する法律知識

1　定年年齢を引き上げるという選択もある　44
2　定年年齢を引き上げる場合の注意点について知っておこう　48
3　定年制を廃止するという選択もある　50

4 定年を廃止する場合の注意点について知っておこう 53

第3章　雇用延長と関わる労務のポイント

1 高年齢者を雇用するにはどうする 56
2 嘱託契約について知っておこう 58
3 労働契約を結び直すときの注意点は何か 60
4 労働契約法について知っておこう 62
5 労使協定や労働協約について知っておこう 66
6 退職金について知っておこう 68
7 退職金はどのように支払えばよいのか 72
8 就業規則を変更するには一定の手続が必要である 74
9 賃金を改定するときの注意点は何か 76
10 継続雇用する労働者の年休の注意点は何か 79
11 雇用延長後に人事異動させる場合の注意点は何か 81
12 出向制度を活用する 84
13 パートタイム・有期雇用労働法について知っておこう 89
14 パートタイム労働者の取扱いについて知っておこう 93
15 契約社員とはどんな存在なのか 97
16 契約社員の賃金はどのように定めるのか 101
17 高年齢者雇用に労働者派遣を活用することもできる 103
18 高年齢者の安全と健康確保のためのガイドラインについて知っておこう 105

第4章　70歳までの就業確保措置

1　70歳までの高年齢者の就業確保について知っておこう　108

2　高年齢雇用継続給付はどう変わるのか　115

3　年金の繰り下げ受給について知っておこう　117

第5章　継続雇用に関わる書式と作成ポイント

1　再雇用制度・嘱託雇用を実施するための書式　120

書式　再雇用制度実施規程　121

書式　嘱託社員雇用契約書　122

2　嘱託社員用の就業規則を作成する　124

書式　嘱託社員規程　125

3　就業規則の作成・変更に関する書式　130

書式　就業規則変更届　131

書式　意見書　132

4　高年齢者雇用状況報告書の提出　133

書式　高年齢者雇用状況報告書　134

5　パートタイム労働者に関する書式　135

書式　雇用契約書　136

書式　労働条件通知書　139

書式　雇止め予告通知書　141

Column　定年後の賃金減額に関する判例　142

第6章　年金・給付金のしくみと手続き

1　雇用延長に関わる雇用保険事務について知っておこう　144

2 継続雇用後の労働者の賃金をカバーする制度がある 148
3 雇用延長と社会保険事務について知っておこう 150
4 社会保険には誰が加入するのか 154
5 雇用延長や退職と関わる年金制度について知っておこう 157
6 もらえる老齢厚生年金のしくみを理解しよう 161
7 老齢厚生年金の支給開始時期について知っておこう 164
8 老齢厚生年金の受給額が調整されることもある 166
9 雇用保険の給付と年金額は調整される 173
10 60歳を過ぎても年金に加入できる制度を知っておこう 175

第7章　高年齢者雇用に関する雇用保険・社会保険の手続き

1 60歳以降に賃金が低下したときの手続き 178
書式 高年齢雇用継続給付受給資格確認票・高年齢雇用継続給付支給申請書 179
書式 雇用保険被保険者六十歳到達時等賃金証明書 180
2 雇用延長により被保険者から外れる場合の雇用保険の手続き 181
書式 雇用保険被保険者資格喪失届 182
3 雇用保険の被保険者にならない場合に作成する離職証明書 183
書式 雇用保険被保険者離職証明書 185
4 給料に大幅な変更があったときの届出 187
書式 健康保険厚生年金保険被保険者報酬月額変更届 188
5 退職後に健康保険の被保険者でいるための届出 189
書式 任意継続被保険者資格取得申出書 190
6 雇用延長により社会保険の被保険者でなくなった場合の手続き 191
書式 健康保険厚生年金保険被保険者資格喪失届 192

7 従業員が70歳になったときの手続き 193
書式 70歳以上被用者該当届（従業員が70歳になったとき） 194
書式 70歳以上被用者該当届（70歳以上の従業員を採用したとき） 195

8 業務以外で負傷・病気をしたときに手当金を受けるための手続き 196
書式 傷病手当金支給申請書 198

9 退職した労働者に支払われる傷病手当金 202
書式 健康保険傷病手当金支給申請書 203

10 仕事中や通勤途中の病気・ケガで治療を受けたときの届出 207
書式 療養補償給付たる療養の給付請求書 208

第8章　その他、高年齢者雇用をサポートする制度

1 助成金とはどのようなものなのか 210

2 特定求職者雇用開発助成金について知っておこう 214

3 65歳超雇用推進助成金について知っておこう 217

4 中途採用等支援助成金について知っておこう 220

Column その他にも活用できる助成金がある 223

序　章

高年齢者の
雇用管理の全体像

1 高年齢者雇用安定法とはどのような法律なのか①

高年齢者の雇用を確保する法律である

企業は高年齢者の雇用を確保する義務がある

高年齢者雇用安定法とは、高年齢者の雇用の安定や再就職の促進などを目的とした法律です。高年齢者の定年に関する制限、高年齢者の雇用確保のために事業者が講じるべき措置、高年齢者雇用推進者の選任といった事柄が定められています。

医療技術の発展による長寿化や少子高齢化の進展により、日本は世界でも未曾有の超高齢社会へと突き進んでいます。これらは、年金や医療などの社会保障財政のひっ迫の原因となり、年金支給年齢の引上げや、医療費の自己負担増など60歳を超えても働かないと生活が困難な状況となっています。一方、「令和元年度版高齢社会白書（全体版）」によると、60歳で定年を迎えても、何らかの職業に就いて働きたいと考える人が９割以上になっており、就労意欲は高いことがわかります。

そこで、高年齢者雇用安定法（高年齢者等の雇用の安定等に関する法律）では、65歳未満の定年制を採用している事業主に対し、①定年の引上げ、②継続雇用制度（高年齢者が希望するときは定年後も引き続き雇用する制度）の導入、③定年制の廃止、のいずれかを選択する義務を課し、高齢になっても働けるような労働環境を保障しています。

どんなことが規定されているのか

高年齢者雇用安定法では、高齢になっても働けるようにするため、下記の重要な規定があります。

① **定年年齢を定める場合**

労働者の定年を60歳以下とすることはできないことが定められてい

ます（８条）。すべての会社が必ず定年の定めをする必要があるわけではありませんが、あくまで定年を定める場合は60歳以上にするという規定です。

② 60～65歳の高年齢者の雇用確保措置

65歳未満の年齢を定年と定めている企業は、高年齢者の雇用を確保するために、定年年齢の引上げ、継続雇用制度の導入、定年制の廃止のいずれかの措置を講じる必要があります（９条）。このうち、継続雇用制度の導入とは、労働者の希望に応じて定年後も雇用を続ける制度のことをいいます。

雇用確保措置はどのように行うのか

雇用確保措置については、①定年年齢の引上げ、②継続雇用制度の導入、③定年の定めの廃止、の中から会社の状況に合わせ選択することになります。この中で最も多く選択されているのが②継続雇用制度の導入です。

■ 会社がとるべき雇用確保措置

◎定年を60歳以下とすることはできない

◎65歳未満の定年制を採用している事業主（企業）は、高年齢者の雇用確保措置として、下記の①～③のいずれかの措置をとらなければならない

①	定年を「65歳」まで引き上げる	
②	定年を60歳等以上として、継続雇用制度の対象者を「65歳」まで引き上げる	【継続雇用制度】 現に雇用する高年齢者が希望する場合、その高年齢者を定年後も引き続き雇用する制度
③	定年制を設けない	

※必ずしも65歳定年制を採用すべきわけではない（②③の措置でもよい）。

※②の継続雇用制度については、平成25年３月末までに労使協定により制度の対象となる高年齢者についての（選定の）基準を定めていた場合は、令和７年３月末まで対象高年齢者の範囲を段階的に引き上げる経過措置が設けられている。

継続雇用制度は、さらに「再雇用制度」と「勤務延長制度」の２つに分けることができます。再雇用制度は、60歳の定年で一度退職し、再度雇用契約を行う制度です。一方の勤務延長制度は、定年を迎えても退職せず、そのまま雇用を続ける制度です。

雇用確保措置は、労働契約や就業規則などで定めることによって実施します。定年の延長、定年制の廃止をする場合には、就業規則の内容を変更することが必要になります。

継続雇用の場合も同様に、就業規則を作成して実施することができます。再雇用制度や勤務延長制度について、具体的なことは別途、「定年後再雇用規程」などを設ける場合もあります。

70歳までの就業確保措置が努力義務となる

高年齢者雇用安定法では、①定年年齢の引上げ、②継続雇用制度の導入、③定年の定めの廃止、のどれかを実施することで、希望者全員に対して65歳までの雇用を義務としています。これに加えて、70歳までの就業確保措置を努力義務とする法改正が、令和２年３月31日に国会で成立しています。この就業確保措置は、令和３年４月から施行されます。企業にとっては、65歳までは雇用確保措置が義務づけられ、さらに、70歳までの就業確保措置が努力義務（法律に定められていることを行うように努力する義務のこと）として課されたということになります。詳しくは第４章で解説しています。

「就業」という表現が使われる理由として、70歳までは必ずしも「雇用」という形で行う必要はなく、業務委託や社会貢献活動に従事する制度を導入すれば、足りることになっているからです。これは、70歳ともなると、身体的衰えや生活スタイルなどが多様化し、それに合わせた柔軟な働き方を選択できるようにした方がよいと考えられているためです。

2 高年齢者雇用安定法とはどのような法律なのか②

再就職援助措置などが定められている

他にどんなことが規定されているのか

高年齢者雇用安定法では、定年の引上げや継続雇用制度の導入などの雇用確保の促進を円滑に推進するため、作業施設の改善などを担う高年齢者雇用推進者を選任するよう規定しています（11条）。高年齢者雇用推進者の選任は、努力義務ですので、選任しなかったからといって何らかの制裁を受けるわけではありません。

また、事業主は、毎年、6月1日現在において雇用している高年齢者の状況、定年や継続雇用制度の状況について管轄公共職業安定所に提出する必要があります（52条）。この届出は、60歳以上の労働者を雇用していなくても、毎年7月15日までに行う必要があります。

再就職援助措置などを実施する

高年齢者雇用安定法では、高年齢者の再就職の促進、高年齢者が退職した場合に就業の機会の確保などの措置を取ることも規定しています。

具体的には、再就職援助措置（15条）と求職活動支援書の作成（17条）が挙げられます。

再就職援助措置では、定年や事業主都合によって高年齢者の解雇を行い、その高年齢者が再就職を希望した場合、事業主は求人の開拓や再就職の援助に努めなければなりません。また、この場合、求職活動支援書を作成し、高年齢者に交付しなければなりません。具体的には、高年齢者の職務の経歴、職業能力（資格、免許、技能等職業能力）などを記載し、公共職業安定所と協力して、高年齢者の再就職の援助をします。

募集、採用時に年齢制限を行うことは原則禁止されている

労働者の募集や採用にあたり、65歳以下の年齢を下回ることを条件にする場合は、その理由を示さなければなりません。年齢制限を行う理由として認められるものは、「労働者の募集及び採用について年齢に関わりなく均等な機会を与えることについて事業主が適切に対処するための指針」に具体例が示されています。

■ 高年齢者雇用安定法が定めるおもな内容（定年年齢に関するもの以外）

高年齢雇用推進者の選任（11条）※1	高年齢者の雇用確保措置を円滑に進めるため高年齢者雇用推進者を選任する。
再就職援助措置（15条）※1	解雇等により離職する高年齢者が再就職を希望する場合、求人の開拓など再就職の援助を行う。
多数離職の届出（16条）	1か月に5人以上の高年齢者等（※2）が解雇により離職した場合、公共職業安定所へ届出を行う。
求職活動支援書の作成（17条）	解雇等により離職する高年齢者が再就職を希望する場合、再就職援助措置を明らかにする書面を作成する。
募集・採用時についての理由の提示（20条）	やむを得ない理由で一定の年齢を下回ることを条件にする場合、その理由を提示する。
雇用状況の報告（52条）	高年齢者の雇用状況などを毎年7月15日までに公共職業安定所へ提出する。

※1　11条、15条は努力義務。

※2　高年齢者等とは45歳以上65歳未満の者を指す。高年齢者は55歳以上の者を指す。

3 高年齢者の労務管理などをどのように行うのがよいのか

コストと利益を考慮する

高年齢者を雇用する上での基本的な考え方

現在では、少子高齢化などの影響により、労働力人口の減少が懸念されています。そのため、労働力の確保として本格的に高年齢者の雇用に取り組む企業も徐々に増えてきています。一方で、高年齢者を継続雇用することによる人件費などのコストの増加や、生産性の低下などの課題を抱えている企業もあります。

高年齢者雇用安定法により高年齢者の定年を廃止したり、継続して雇用する上で、各企業は高年齢者の雇用に伴う人件費などのコストを削減する必要があります。

たとえば、①高年齢者の賃金の額は個々人が企業に貢献している程度に応じて変動させる、②高年齢時に労働者が雇用されていたとしてもその時点での勤務期間は退職金算定の基礎となる期間からは外す、③国の給付金を効果的に活用する、といった方策を講じることが可能です。

しかし、60歳定年前と定年後の仕事内容が変わらないにもかかわらず、賃金や待遇を一方的に下げることは法律違反になる可能性があります。そのため、高年齢労働者に適した職務に転換する、高年齢労働者に適した雇用形態や労働条件を設定するといった策を講じることも必要になります。

高年齢者雇用安定法により、各企業は65歳まで労働者を雇用する義務があります。各企業としてはこのような方策を講じることで、高年齢者をスムーズに雇用する環境を整えることが必要になります。

高年齢者の職業能力をふまえて管理する

高年齢者は、年齢を重ねるごとに職業能力が低下するとは限りません。60歳を超えたあたりから、物忘れがひどくなる人もいますし、70歳を超えても衰えが見られない人もいます。高年齢者の個人能力には個人差がありますので、その点を考慮して配置することで生産性を上げることも可能です。

一般的な高年齢者の長所としては、地道な作業が得意である、長年の経験に基づく技術がある、仕事の段取りが上手である、若年層の指導や育成が可能である、責任感がある、遅刻や欠勤をしない、といった点が挙げられます。高年齢者を雇用する際には、このような高年齢者の長所を考慮することが必要だといえます。

また、少子高齢化によって、これまで消費や購買の中心を担っていた20～50代が少なくなり、60代以降の世代が増えてきます。シニアマーケットを重視する企業にとっては、消費や購買のターゲット層である60代以降の世代に近い考え方を持つ高年齢者を雇用し、知識や経験を活かすことは、企業の方向性にも合致する可能性があります。

高年齢者等職業安定対策基本方針も参考にする

上記のような対策以外にも、厚生労働省が策定している「高年齢者等職業安定対策基本方針」も参考になります。この基本方針では、高年齢者の意欲と能力に応じた雇用機会の確保のため会社が行うべき事項として下記の指針を定めています。

①　高年齢者の職業能力の開発・向上

公共職業能力開発施設・民間教育訓練機関で実施される職業訓練の活用を行うこと。

②　作業施設の改善

機械設備の改善、作業方法の改善、作業環境の改善、福利厚生施設の導入などを行うこと。

③　高年齢者の職域拡大

高齢化に対応した職務の再設計を行うこと。

④　高年齢者の知識、経験などを活用できる配置、処遇の推進

職業能力を評価するしくみや資格制度、専門職制度などの整備を行うこと。

⑤　勤務時間制度の弾力化

短時間勤務、隔日勤務、フレックスタイム制などの導入を行うこと。

⑥　事業主が共同で行う取組みの推進

同じ産業や同じ地域の事業主間で、高年齢者の雇用に関するさまざまな経験を共有すること。

要員計画を作成する

高年齢者の雇用確保を行う上では、要員計画を作成しておくと便利です。

まず最初に、部門別もしくは職種別に従業員が何人必要かの調査を行います。さらに、管理者・監督者・専門職従業員・一般的従業員など職階別にも何人の従業員が必要になっているかについても調査を行います。

調査手法には２種類あります。一つ目は、業務量から必要人数を割り出す方法です。この方法では、必要人数が多くなる傾向があります。二つ目は、予算である人件費から必要人数を割り出す方法です。これらの手法を活用しながら、従業員の必要人数を割り出します。

次に、必要人数と現員数の差を算出します。この差を何らかの方法で埋める必要がありますが、その際、業務内容や勤務時間などに応じて高年齢者の雇用ができないかどうかの検討を行います。

Column

雇用確保措置をとらないとどうなる?

就業規則で60歳定年制をとっている会社は、雇用を確保するため定年年齢の引き上げなどの措置を行わなければなりません。高年齢者雇用安定法は、雇用の確保を「義務」としていますが、この措置を講じない事業主は法律違反となるものの、罰則はとくにありません。

ただし、雇用確保措置を実施しないと、場合によっては厚生労働大臣から指導・助言・勧告がなされることがあります。さらに、それらの指導・助言・勧告に従わない場合は、企業名などが公表されますので企業イメージの悪化は避けられません。また、ハローワークでの求人の不受理や紹介保留、助成金の不支給の措置が講じられる可能性があり、新たな従業員の採用や助成金申請において、不都合が生じることがあります。

雇用確保措置は、企業に対して何らかの形で65歳までの雇用を講じることを義務にしていますが、必ずしも個別の労働者に対して65歳までの雇用を義務にしているわけではありません。たとえば、心身の故障など業務に耐えられない場合は、定年後、再雇用する必要はありません。

また、企業が提示した労働条件について、定年後の労働者と合意に至らず、結果として継続雇用に至らなかった場合は高年齢者雇用安定法違反とはなりません。ただし、60歳以降の労働条件が各種法令を満たし、合理的なものである必要はあります。あくまで高年齢者雇用安定法が求めているのは、継続雇用制度の導入で、定年退職者の希望に応じた労働条件を設定することまで求めているわけではありません。

第1章

再雇用・勤務延長の法律知識

1 継続雇用制度について知っておこう

再雇用制度の導入も可能である

継続雇用制度とは

すべての企業は、定年制を廃止するか、あるいは定年を65歳以上とするのでなければ、**継続雇用制度**を導入する必要があります。「令和元年高年齢者の雇用状況」によると、99.8％の企業が高年齢者の雇用確保措置を実施しています。実施内容の内訳として、定年を廃止している企業は2.7％、65歳以上へ定年を引き上げている企業は19.4％、継続雇用制度を導入し65歳まで希望者を雇用している企業は77.9％となっています。最も実施している割合が高い雇用確保措置が継続雇用制度です。継続雇用制度とは、60歳となった労働者を再雇用する形で働いてもらうか、60歳となっても引き続き勤務してもらう制度です。

なお、継続雇用制度の具体的な内容まで法律や規則で定められているというわけではなく、65歳まで雇用する形態については法令に違反しない範囲で、各企業で自由に定めることができます。そのため、労働条件の引下げがまったく認められないというわけでありません。たとえば、「57歳以降は労働条件を一定の範囲で引き下げた上で65歳まで雇用する」という制度も継続雇用制度の形態として認められます。

どんな種類があるのか

雇用継続制度には、再雇用制度と勤務延長制度の２つがあります。

・再雇用制度

再雇用制度とは、定年になった労働者を退職させて、その後にもう一度雇用する制度です。正社員として雇用することもできますし、パートタイマーや嘱託社員として雇用することもできます。再雇用を行う場合には、通常は労働契約の期間を１年間として、１年ごとに労働契約を更新していきます。

・勤務延長制度

勤務延長制度とは、定年になった労働者を退職させず、引き続き雇用する制度です。元の雇用契約を消滅させることなく、雇用契約が継続されます。

再雇用制度と勤務延長制度とは、定年に達した労働者を雇用するという点では共通しています。再雇用制度は、雇用契約をいったん解消してから労働者と改めて雇用契約を締結するのに対して、勤務延長制度では元の雇用契約が引き継がれるという点に、両者の違いがあります。

また、勤務延長制度と同じような制度に、**定年年齢の引上げ**があります。60歳定年の勤務延長制度のある企業では、労働者は一度、60歳になった時点で定年退職を希望することも可能です。退職を希望しない場合、勤務延長制度を利用することができます。一方で、65歳以上に定年の引上げを行った企業は、定年になるまで自己都合退職以外を選択することはできません。

■ 再雇用制度と勤務延長制度の違い

再雇用制度	勤務延長制度
・労働条件の変更が可能で、賃金水準を低くできる。 ・極端に賃金を引き下げると法に抵触する可能性がある。 ・労働者の勤労意欲が低下しやすい。	・労働条件の変更は難しい。 ・労働者の勤労意欲を維持しやすい。

2 継続雇用の対象者について知っておこう

希望者全員を対象とする

原則として希望者全員を対象としなければならない

継続雇用制度を導入する場合には、希望者全員を対象としなければなりません。しかし、①高年齢者雇用確保措置の実施及び運用に関する指針による例外、②高年齢者雇用安定法が改正される平成25年４月１日以前から定められた労使協定による経過措置、のどちらかに該当する者は、65歳までの継続雇用の対象外とすることができます。

指針で運用が定められている

高年齢者雇用確保措置の実施及び運用に関する指針によると、心身の故障のために業務を遂行できないと認められる者、勤務状況が著し

■ 経過措置のスケジュール

	年金の支給開始年齢	経過措置の適用が認められない労働者の範囲
平成25年4月2日から平成28年4月1日	61歳以降	60歳から61歳
平成28年4月2日から平成31年4月1日	62歳以降	60歳から62歳
平成31年4月2日から令和4年4月1日	63歳以降	60歳から63歳
令和4年4月2日から令和7年4月1日	64歳以降	60歳から64歳
令和7年4月2日以降	65歳以降	60歳から65歳

※　年金の支給開始年齢欄の年齢は男性が受給する場合の年齢を記載

く悪く従業員としての職責を果たし得ない者、就業規則に定める解雇事由や退職事由に該当する者については、継続雇用をしないことが可能です。ただし、これらに該当する者が当然に継続雇用の対象から外れるわけではなく、あらかじめ、解雇事由や退職事由に該当する場合は除外するということを就業規則などに規定しておく必要があることに注意しなければなりません。

継続雇用の対象から除外できるのはどのような労働者か

改正された高年齢者雇用安定法の施行時点（平成25年４月１日）で、労使協定により継続雇用制度の対象となる高年齢者に係る基準を定めていた場合には、基準の対象者の年齢を令和７年３月31日まで段階的に引き上げながら、この基準を用いることができます。

たとえば、平成31年度から令和4年度までの間は、63歳から65歳までの者については、経過措置を適用できるため、労使協定で定めた基準により継続雇用する者を限定することが可能です。

ただし、継続雇用制度の対象者を限定するためには、労使協定を平成25年３月31日までに締結しておく必要があり、それ以降に労使協定を締結して対象者を限定することはできません。

■ 継続雇用制度と一定の労働者の除外

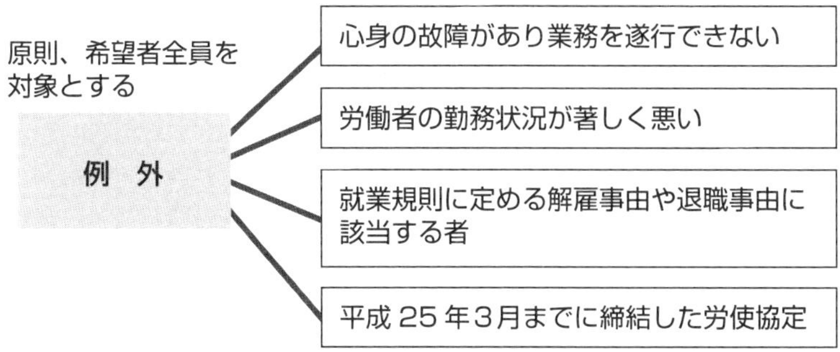

3 継続雇用制度の導入について知っておこう

就業規則などの締結が必要

再雇用制度導入の手続き

再雇用制度の導入について、とくに決まった形式があるわけではありません。たとえば、就業規則に再雇用制度の内容を盛り込んだ場合には、労働基準監督署長に就業規則の変更を届け出る必要があります。これは、従業員の退職や労働条件について変更する場合には、就業規則にその旨を記載し、労働基準監督署長に届け出る必要があるためです。また、労働協約を用いて再雇用制度を導入することも可能です。

労働者と企業とが定年後に雇用契約を締結するというシステムを導入することが、再雇用制度導入の手続になります。

勤務延長制度導入の手続き

勤務延長制度の導入についても、とくに決まった形式があるわけではありません。

就業規則に勤務延長制度の内容を盛り込むことはできます。また、再雇用制度と同様に、労働協約を用いて勤務延長制度を導入することも可能です。

個々の労働契約でも、勤務期間を延長することを契約の内容とします。労働者と企業との間の労働契約を延長するというシステムを導入することが、勤務延長制度導入の手続になります。

労働者の待遇を決める

再雇用制度では、定年後の雇用形態、賃金などを労働者との間で決めることができます。勤務延長制度では、原則、定年前の雇用形態や賃金などはそのまま引き継ぎます。しかし、それでは企業の人件費負担が大きくなるため、たとえば、50 ～ 55歳頃の昇給額を抑えて賃金上昇カーブを下方修正することなども検討が必要でしょう。いずれにしても労働者の待遇をあらかじめ決めておく必要があります。

なお、事業主が合理的な範囲で労働者に定年後の労働条件（賃金、雇用形態など）を提示したのであれば、労働者とその労働条件などについて合意が得られず、結果的に労働者が継続雇用を拒否したとしても、高年齢者雇用安定法違反となりません。

具体的には通知を行うことから手続きが始まる

継続雇用制度では、定年を迎えた労働者のうち希望する者全員を対象としなければなりません。そのため、企業は継続雇用制度を利用するかどうか労働者の意向を確認する必要があります。

従業員は定年後の生活設計を考えなければならないので、定年の1年前には企業の方から労働者の意向を確認しておきます。その際には、継続雇用制度を利用できる条件や、継続雇用制度を利用した場合の労働条件を従業員に伝えます。

■ 継続雇用制度導入の手続きの流れ

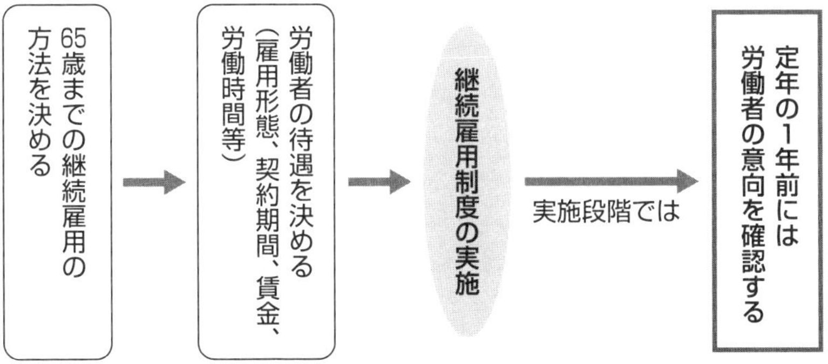

その後、一定の期限を区切って、労働者から継続雇用制度の利用の受付を行います。期限までに申出がなかった労働者については、継続雇用制度を利用する意思がないとみなします。雇用継続制度を利用する意向を表明した労働者につき、条件を満たしているかの審査を行い、条件を満たしているのであれば労働者が定年を迎える日に新たな辞令を出します。労働者による雇用継続の申出や、会社から労働者への審査結果の通知は、口頭でも書面でも行うことが可能です。しかし、後の紛争を防ぐことを考えると、書面を利用した方がよいでしょう。

なお、継続雇用する労働者を限定する基準（23ページ）を適用する企業の場合、継続雇用の条件を満たさない労働者も出てくる可能性があります。その場合、労働者が定年後のことを考えて動き出す時間を与えるために、できるだけ早く結果を通知するようにしましょう。

事務手続上の例外

企業は、原則として、定年になった労働者を雇用し続ける必要がありますが、定年となった翌日から雇用しなければならないというわけではありません。事務手続上の理由がある場合には、労働者が定年となった後にしばらく雇用していない期間が生じてしまったとしても、それが違法となるわけではありません。

たとえば、身辺整理や健康診断のための期間が必要になるために、定年になってから２週間後に再び雇用する制度にしたとしても、違法とはなりません。ただし、合理的な理由なく会社の一方的な都合のみで、長期間雇用の空白期間を生じさせることは許されません。

■ 規定例のサンプル ……………………………………

継続雇用制度について定める就業規則の規定例

第○条（定年） 定年は満60歳とし、60歳に達した日の属する月の末日をもって退職とする。 **2** 定年に達した従業員であって、定年到達後に雇用を希望する場合は、別に定める定年後再雇用規程に基づき継続雇用する。ただし、定年の時点で、第○条の解雇事由または第○条の退職事由に該当する場合は継続雇用の対象としない。

具体的な運用について「定年後再雇用規程」を定めた場合の規定例

第１条（目的） 本規定は、就業規則○条に基づき、従業員の定年後の再雇用について定める。 **第２条（継続雇用の申出）** 定年後に再雇用を希望する者は、定年に達する○か月前までに所定の再雇用申出書を提出しなければならない。 **第３条（再雇用）** 継続雇用の対象者については、雇用期間が１年間の有期雇用契約によって再雇用し、原則、従業員を満65歳に達した日の属する月の末日まで継続雇用する。 **第４条（更新基準）** 有期雇用契約を更新する基準については、次のとおりとし、会社は更新できない合理的で相当な理由がある場合には雇止めとすることができる。 ⑴　契約期間満了時の業務量 ⑵　勤務成績、勤務態度、業務遂行能力、健康状態 ⑶　会社の経営状況 ⑷　○○○○ **第５条（労働条件）** 継続雇用する対象者の労働条件については会社が定める。

※平成25年３月までに締結した労使協定で除外対象者がある場合には、その旨の規定内容を記載する。

4 さまざまなタイプの再雇用制度がある

在宅勤務とすることも可能である

再雇用をするメリットとは

定年制がある企業では、継続雇用制度として再雇用制度のみを実施している企業が一般的です。**再雇用制度**とは、定年に達した労働者を退職させた後に、定年前とは異なる労働条件や雇用形態で雇用契約を締結することをいいます。

再雇用制度では、契約期間を定めて雇用契約を更新していくという形態をとることが多いので、雇用調整が容易になるというメリットがあります。また、嘱託社員やパートタイマーとして雇用することも可能になるので、定年前の条件とはまったく異なる内容で雇用契約を締結できるというメリットもあります。

契約期間や業務内容、労働条件について

労働者を再雇用した場合の契約期間については、高年齢者雇用安定法による制限はありません。通常は、1年間を雇用期間として、1年ごとに雇用契約を更新していきます。なお、1年を超えて継続して雇用されている労働者について、本人の職務遂行能力や健康状態を理由として雇用契約を更新しない場合には、雇用契約が満了する日の30日前までに、その旨を労働者に対して予告する必要があります。

再雇用後の労働条件については、定年前と同じ労働条件である必要はなく、変更することができます。労働者と話し合って、勤務形態・勤務日数・勤務時間・賃金を決めることになります。

どんなタイプがあるのか

「定年年齢を迎えた高年齢者をどのような方法で再雇用するか」という点については、各企業が企業の事情に応じて検討することになります。１日の労働時間を少なくする短時間正社員制度や、出社・退社時刻を再雇用社員の裁量に委ねるフレックスタイム制度を活用することもできます。再雇用する際に検討すべきおもな勤務形態として、以下のものがあります。

再雇用契約社員制度とは

再雇用契約社員制度とは、定年によって退職した者を再び雇用する制度です。契約の形態としては、期間を１年と定めて１年ごとに雇用契約を更新していくということも可能です。

正社員進路選択制度とは

高年齢者雇用安定法では、企業に労働者が65歳になるまでの継続雇用を行うための制度の導入を義務づけています。企業としては、60歳定年の制度を残しながら、別途雇用継続のための制度を導入することもできます。

たとえば、各従業員に50歳の時点で60歳で定年を迎えた時点で退職するか、65歳まで継続して勤務するかを選択してもらうという制度を導入することは可能です。

■ 再雇用社員の活用のしかた

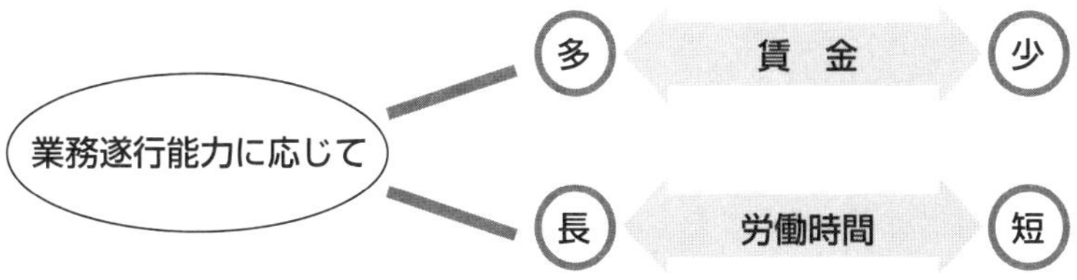

60歳の定年を迎えた時点で退職するというコースを選択した労働者は、60歳まではそれまで通り正社員として勤務し、賃金もそれまでと同じような基準で決めることになります。ただし、60歳となった時点で退職するので、その時点での雇用は確保されないことになります。

65歳までの継続雇用を選択した従業員は、50～59歳までは一般の正社員と比べて若干年収が下がる可能性があります。ただし、原則として65歳までは雇用してもらえるので、65歳までは収入を得ることができます。

短時間勤務正社員制度とは

短時間勤務正社員制度とは、1日の勤務時間は60歳未満の一般の正社員よりも短くするものの、賃金については一般の正社員と同じ基準で、勤務時間に比例して決定する制度です。

フレックスタイム制の活用

フレックスタイム制とは、たとえば、会社が1か月の総労働時間のみを決めておき、毎日の出勤時刻や退勤時刻は各労働者が自由に決めることができる制度です。フレックスタイム制を導入することが許されている業種が法律で決まっているわけではないので、どのような職場であってもフレックスタイム制を導入することは可能です。

フレックスタイム制の導入に適している業務とは、各労働者が他の労働者と独立して仕事を行っているという業務です。また、仕事を処理するにあたって、個人の創造性や自主的な判断が重要となる職種でも、フレックスタイム制はなじみやすいといえます。

逆に、工場で商品を製作するといったように、労働者全員がそろって流れ作業で仕事をこなしていくという職場や、店頭での販売業務など常に顧客に対応しなければならないという職場などでは、フレックスタイム制はなじみにくいといえます。

雇用継続制度により再雇用した従業員にもフレックスタイム制を利用して働いてもらう場合には、就業規則にその旨を定める必要があります。

在宅勤務制度の活用

在宅勤務制度とは、労働者がオフィスへの出勤をせず、自宅で仕事を行うという制度です。定年を迎えた労働者も、在宅勤務制度を用いることで継続雇用することができます。

企業にとっての在宅勤務制度を利用するメリットとしては、その従業員のための机などの備品を用意する必要がない、オフィスに出勤するわけではないので通勤手当を支払わずに済むといった点が挙げられます。

就業場所は自宅ですが、労働者との関係が雇用関係であることに変わりはありませんから、在宅勤務制度で働く労働者には、労働基準法が適用されます。一方、請負関係で働く内職就労者や請負就労者は在宅勤務制度を利用する労働者には含まれません。

労働基準法の適用を受ける労働者かどうかは次の観点から判断します。まず、仕事の依頼や業務に従事する指示があった場合に、労働を

■ さまざまな再雇用社員の種類

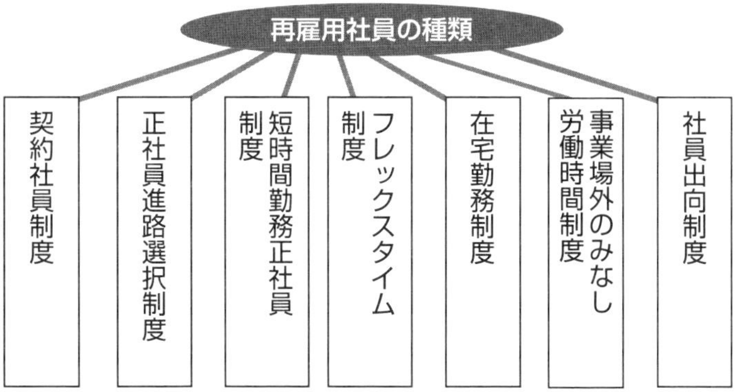

する者に仕事の依頼を承諾する自由がある場合には、その者は労働基準法の適用を受ける労働者ではなく請負労働者になります。

また、会社が業務の内容や進行を管理し、勤務時間が定められている場合には、その労働者は労働基準法の適用を受ける労働者になります。なお、報酬が時間給や日給によって決められていたり、会社から与えられた機械を使って作業をしている場合にも、労働者は労働基準法の適用を受ける労働者になります。

事業場外のみなし労働時間制度の活用

再雇用する労働者の仕事が、自宅から直接、顧客のもとに向かって行うことができる商品販売業務などの場合、会社や事業所に出勤する必要がありません。この場合、直行直帰の勤務形態を検討することになります。

直行直帰制度を利用するメリットとは、通勤時間を考えなくてよい、従業員の自宅を拠点として営業活動を行わせることができる、といった点にあります。この制度を導入する場合には、就業規則に事業場外労働に関するみなし労働時間制を適用する規定を作り、その旨を労働基準監督署に届け出る必要があります。事業場外のみなし労働時間制とは、タイムカードなどで労働時間を管理できない労働者につき、あたかも社内で働く他の労働者と同じように、始業時刻から終業時刻まで労働したとみなす制度です（労働基準法38条の２）。

社員出向制度

自社（出向元）で雇用する社員を関係会社など（出向先）に出向させる制度も雇用確保措置として認められます（84ページ）。

出向とは、出向元、出向先双方との雇用契約に基づき、出向元に在籍しながら、出向先で業務に従事します。

5 再雇用制度を導入する場合の注意点について知っておこう

労働関係法令に反する労働条件の設定は禁止される

再雇用契約の特徴

再雇用制度とは、定年になった労働者を退職させた後に、もう一度雇用する制度です。再雇用制度を利用する場合、通常は労働者の雇用契約の期間は１年と設定され、１年ごとに労働契約が更新されていくことになります。また、雇用形態については、臨時職員やパートタイマーとすることも可能であり、労働条件は定年前と異なっていてもかまいません。

再雇用契約の手続きや通知はどのように行えばよいか

まず、企業と労働者との間で労働契約を締結します。その際には契約内容を書面化して、契約書面を労働者のもとに送付します。また、契約書とは別に、労働条件を記載した書面（労働条件通知書）を労働者のもとに送付します。

労働条件や処遇はどうなる

定年に到達した労働者を雇用する場合の、賃金・勤務時間などの労働条件は、事業主と個々の従業員との間で話し合って決めることができます。しかし、労働基準法や男女雇用機会均等法など、労働関係法令の趣旨に反するような形での労働条件を設定することはできません。

また、１年ごとに雇用契約を更新していくなど、期間を定めた雇用契約を締結している場合には、高年齢者の年齢以外の勤務状況や能力といった要素を考慮して、労働者が65歳になる前に雇用契約の更新を行わないとする措置をとることも可能です。

雇用形態や雇用期間はどうすればよいのか

雇用期間については、労働者の立場からすれば、できるだけ長い期間雇用してもらいたいと考えます。しかし、会社の立場からすると、再雇用した者の能力に問題が生じた場合に、雇用期間が残っていると対応に窮することになります。そのため、通常は、雇用期間を１年間として、１年ごとに雇用契約を更新していきます。１年ごとに雇用契約が更新されるとしても、労働者の年齢が65歳になるまで更新され続けるのであれば問題はありません。

また、一般的な雇用形態には、正社員、嘱託社員、契約社員、パートタイマーなどがあります。高年齢者雇用安定法では、高年齢者の雇用形態についてとくに規定があるわけではありません。そのため、各企業に合った雇用形態を選択することができます。

賃金や賞与、退職金の見直しが必要

賃金は、労働の対価ですので、労働者の職務の内容に応じて額が決まります。

再雇用者に対する賃金も、職務の内容などに応じて決めることになります。再雇用者の職務を遂行する能力が高ければ賃金も高くなり、職務遂行能力が低ければ賃金も低くなります。給与支払いの形態には、月給制（給料を「月額いくら」と定めて支払う方法）、日給制（勤務１日あたりの給与が決まっていて、勤務日数に応じて給与が支払われる給与体系）、時間給制（１時間あたりの金額が決まっていて、働いた時間に応じて支払額が決まる給与形態）などがあり、会社としては再雇用の形態、労働時間などを考慮して制度を作ることになります。

また、退職金については、労働者が定年になった時点で支払うのか、再雇用された場合には再雇用の期間が満了するまでは退職金を会社が預かっておき、再雇用の期間が満了した時点で支払うのかについて会社側が自由に制度を作ることができます。

役職はどのように取り扱うか

再雇用された者は、いったん会社との雇用契約を解消した高年齢者であることを考慮すると、役職からは離脱させることが適切だといえます。ただし、高年齢者の能力がとくに優秀であったり、後任に適当な人材がいない場合には、引き続き高年齢者に役職を継続してもらうこともあります。

どんな仕事を担当させるのがよいのか

再雇用をした労働者に、今までとまったく違う職務を担当させることは可能です。しかし、労働者は今までの経験を活かした仕事をしたいと考えています。また、今まで経験したことのある仕事の方がスムーズに作業を進めることができます。そのため、再雇用をした労働者には、これまでと同じような仕事を担当させるのがよいでしょう。

■ 再雇用契約を結ぶときに注意すべきこと …………………………

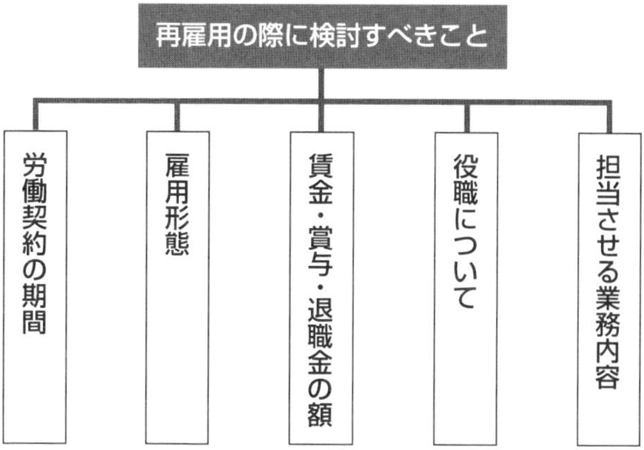

6 勤務延長制度導入の注意点について知っておこう

原則、定年前の労働条件は変わらない

どんな特徴があるのか

勤務延長制度とは、定年制を導入している会社で、定年の年齢に達している労働者を雇用し続ける制度です。原則として、定年前の雇用契約をそのまま引き継ぐことになります。

勤務延長制度は、大企業ではなく中小企業で実施されているケースが多いようです。

中小企業では、厳格に定年制度が運用されていないことがあります。また、大企業よりも中小企業の方が、従業員が定年退職した後に、そのポストに新たな別の担当者を採用することが難しいといえます。さらに、中小企業の方が大企業ほど賃金体系が年功序列型とはなっていません。こういった理由から、大企業よりも中小企業の方が勤務延長制度を実施するケースが多くなっているといえます。

勤務延長制度を導入する場合には、定年年齢を過ぎても定年前の労働条件が継続されるため、原則として役職・職務、仕事内容、賃金水準などに変更はありません。これらを変更したい場合は、再雇用制度を導入すべきでしょう。

どのような制度を利用すべきかについては、各企業によって異なってくるので、自社にあった制度を作ることが必要になります。

再雇用制度などと併用することもできる

最近では、人手不足などにより60歳以上となっても一般の従業員として積極的に活用していきたい企業も増加しています。

そういった企業では、従業員をいったん退職させて再び雇用する再

雇用制度と、従業員を退職させずにそのまま企業で雇用し続ける勤務延長制度の両方の制度を併用することもできます。

長年の経験や知識が必要となる部門、採用が難しい職種においては、勤務延長制度を実施し、事務職など単純作業などの部門や職種においては、再雇用制度を実施するといったことを検討することもできます。ただし、対象となる基準を明確にしておく必要があります。

給与や賞与、退職金はどうすべきか

勤務延長制度では、原則として、定年前の給与や賞与、退職金について変更はありません。しかし、定年を過ぎれば職務遂行能力が衰えることもあります。そういった場合には、給与や賞与について、職務遂行の状況によって給与や賞与の額を変動させることもできます。

また、退職金については、定年になった時点で支払うことも継続雇用が終了した後に支払うことも可能です。

■ 勤務延長制度で注意すべきこと

勤務延長制度

↓

原則、定年前の労働条件（賃金など）は変わらない

場合によって、・再雇用制度と併用する
・職務遂行能力によって、賃金などを下げる

7 異なる会社での雇用でも継続雇用として認められるのか

密接に関連している会社で雇用できる

グループ企業であれば認められる

高年齢者雇用安定法では、原則として定年まで雇用されていた労働者を継続してその企業で雇用することを求めています。

しかし、定年まで労働者が雇用されていた企業以外の企業で雇用することも、一定の条件を満たすことができれば可能になります。その条件とは、定年まで労働者が雇用されていた企業と定年後に労働者が雇用されることになる企業とが実質的に一体と見ることができ、労働者が確実に65歳以上まで雇用されるというものです。

労働者が定年前と定年後に雇用される２つの会社が親子会社であるなど、親子会社の間で人事の異動などが行われていれば、２つの会社を実質的に一体とみなすことができます。また、親子会社の間で、定年退職した労働者を互いに受け入れて継続雇用する旨の労働協約を締結したり、労働慣行が成立していれば、労働者が確実に65歳以上まで雇用されるという状況があるといえます。このような条件がそろえば、親子会社などグループ企業で労働者を継続雇用することが許されます。

グループ企業とは具体的にどのような企業のことか

①元の事業主の子法人等、②元の事業主の親法人等 ③元の事業主の親法人等の子法人等、④元の事業主の関連法人等、⑤元の事業主の親法人等の関連法人等 で雇用することが認められます。

他社を自己の子法人等とする要件は、当該他社の意思決定機関を支配しているといえることです。具体的には、次ページの図に示す親子法人等の関係があることが必要です。

■ 子法人となるための要件

① 親法人 → 子法人

親法人が子法人の議決権の
50%超を保有

② 親法人 → 子法人

親会社が子会社の議決権の
40%以上 50%以下を保有

＋

親法人から子法人への多額の融資や、
事業を支配する契約の存在など

③ 親法人 → 子法人

親法人が子法人の議決権の
40%以上 50%以下を保有

＋

親法人と緊密な関係にある者等が保有する
子法人の議決権を含めると 50%を超える

④ 親法人 → 子法人

親法人が保有する子法人の議決権が
40%未満

＋

親法人から子法人への多額の融資や、
事業を支配する契約の存在など

＋

親法人と緊密な関係にある者等が保有する
子法人の議決権を含めると 50%を超える

前ページの図に示している条件を満たせば、他の企業で定年となった労働者を継続して雇用することが可能です。たとえば、前ページの図①で示したように、親法人が子法人の議決権の50％以上を保有していれば、親法人を定年退職した労働者を子法人で継続して雇用することができます。

なお、グループ会社（特殊関係事業主）は、高年齢者雇用安定法で認められた範囲であれば、たとえ遠隔地にある会社であったとしても、そのことだけで高年齢者雇用確保措置義務違反になることはありません。

自社で雇用するかグループ企業で雇用するか

継続雇用先の範囲を拡大する特例を利用する場合に、継続雇用制度の対象者を自社で雇用するか他社で雇用させるかについては、継続雇用制度を運用する中で事業主が判断することができます。このとき、継続雇用制度の対象者を自社で雇用するか他社で雇用させるかを判断するための基準を事業主は就業規則や労使協定などで設けることもできます。

子会社で派遣社員として雇用する

子会社が労働者派遣事業を行っている場合には、親会社を定年で退職した労働者を子会社で派遣社員として雇用することも可能です(103ページ)。この場合、子会社は労働者を常時雇用する必要があります。常時雇用しているといえるためには、期間の定めなく雇用したり、一定の期間を定めて雇用されている者の雇用契約を更新していることが必要です。

8 継続雇用制度の導入についてどんなことがトラブルになるのか

合理的な理由がある場合には、労働条件を不利益に変更できる

賃金の減額は不利益変更となるのか

高年齢者の雇用確保措置を講じた際に、高年齢労働者の賃金の額を減額することは、原則として労働条件の不利益変更には該当しません。ただし、60歳になる前から同じ業務を行っていたにもかかわらず、60歳になった途端に大幅に賃金を減らされたという場合には、公序良俗（社会で一般的に通用している秩序や道徳のこと）違反として賃金の減額が無効となる可能性があります。基本的には、賃金の減額は可能ですが、賃金の減額が無効にならないように減額の幅には気をつけましょう。

どのような場合に合理性が認められるのか

就業規則を変更することにより労働条件を労働者にとって不利益に変更することは、原則としてできません。ただし、合理的な理由がある場合には、労働条件を労働者にとって不利益なものに変更することができます（74ページ）。

労働条件の不利益変更に合理性があるかどうかについては、一律の基準を用いて判断されるわけではありません。労働者が被る不利益の程度、労働条件変更の必要性の程度、労働組合などとの交渉の経緯など、さまざまな要素を考慮して、労働条件の不利益変更に合理性があるかどうかを判断します。

再雇用後も、同一労働同一賃金が原則となる

令和２年４月１日に施行されたパートタイム・有期雇用労働法（短時間労働者及び有期雇用労働者の雇用管理の改善等に関する法律）で

は、有期労働契約をしている労働者と、期間の定めのない労働契約をしている労働者の労働内容が同じであれば、同じ賃金を支払うことが原則とされます。つまり、労働者が60歳定年後、再雇用され、雇用形態が変わったとしても、同様の仕事内容であれば、同一労働同一賃金の原則に従う必要があります。

ただし、裁判の例では、定年前の賃金体系と再雇用後の賃金体系が異なる場合、仕事内容が変わらなくても、賃金や賞与を減額することは不合理とはいえないと判断しています。しかし、支給要件に該当する労働者に一律に支払われる精勤手当（１日も休まずに出勤することを奨励する手当）などを再雇用後、支給しないことについては不合理であると判断しています。

退職金を減額することはできるのか

継続雇用制度を導入すると、労働者に支払う賃金が増えるので、会社の負担が増大します。そのため、企業によっては労働者に支払う退職金を減額する方法による対応を考えるかもしれませんが、高年齢者の雇用については、各企業の自助努力が求められており、安易に退職金の減額を行うと、労働者との間でトラブルになりかねません。継続雇用と引換えに退職金を減額するという手法については、基本的には避けるべきでしょう。

■ 賃金や退職金を減額するときの注意点

賃金や退職金の減額が労働者にとっての不利益変更になるか → 原則として、不利益変更にはならないので、減額は可能 → ただし → あまりに大幅な賃金や退職金の減額 → 公序良俗違反として無効になる可能性がある

第2章

定年年齢の引上げ・定年制の廃止に関する法律知識

1 定年年齢を引き上げるという選択もある

就業規則の変更も必要である

定年年齢の引上げのメリットは

厚生労働省が公表している「令和元年高年齢者の雇用状況」によると、19.4％の企業が定年年齢を65歳以上に引き上げています。定年年齢を60歳よりも引き上げるメリットとしては、社会の要請に応えることができるという点が挙げられます。高年齢者雇用安定法の雇用確保措置だけでなく、年金受給年齢の引上げや、高齢になっても働きたい者が増えるなど、社会の中で高年齢者を雇用することへの必要性は高まっています。そのような社会の必要性に応えることで、企業に対する評価が高まります。

高年齢者の経験を活用できることも、定年年齢の引上げのメリットです。高年齢者は、それまでの職務の中で培ったノウハウをもっています。そのノウハウを活用することができれば、よりスムーズに仕事を行うことができます。

労働者の勤労意欲を向上させることができることも、定年年齢の引上げのメリットです。労働者の中には、60歳以降も働きたいと考えている者が多くいます。そのような労働者にとって定年年齢の引上げは仕事に対する勤労意欲を高めることにつながります。

健康管理などの問題点もある

定年年齢を引き上げると、メリットだけでなく問題点も発生します。

定年年齢を引き上げることで高年齢の労働者が増加することになるので、企業としては労働者の健康管理にこれまで以上に気を遣う必要が出てきます。

労働安全衛生法により、企業には労働者に対して定期的に健康診断を行うことが義務づけられています。もし、健康診断で労働者の健康に問題があることが判明した場合には、会社側は労働者の作業場所の変更や勤務時間の短縮といった措置を講じる必要があります。

また、仕事をする中では、時間外労働や休日出勤を行う必要性が出てきます。しかし、高年齢者に過度な負担をかけると健康を害してしまう可能性があります。そのため、高年齢者に時間外労働や休日出勤を命じることはできる限り避け、やむを得ず時間外労働や休日出勤を命じる場合にも、時間を短くするよう配慮する必要があります。

賃金負担が増加する

定年を大きく引き上げたことで労働者の数が過剰になってしまい、企業が支払う賃金の負担が大きくなってしまうことも考えられます。そのため、定年の引上げ前に賃金や賞与、退職金の見直しを行うことが必要になります。

また、いきなり定年を65歳にしてしまうのではなく、1年ごとに定年を延長していくなど段階的に定年の年齢を上げていくという方法も検討できます。ただし、65歳未満の定年を定める場合には継続雇用制度を導入する必要があるため注意が必要です。

厚生労働省の「令和元年高年齢者の雇用状況」によると、現在のと

■ 定年延長のメリット・デメリット

メリット

社会の要請に応える
高年齢者の経験を活かす
労働者の勤労意欲の向上

⟷

デメリット

労働者の健康管理
賃金負担の増加

ころ、再雇用の形態で高年齢者の雇用確保を図っている企業が大半ですが、将来的には70歳までの就業機会の確保が議論されていることをふまえ、「65歳定年」の導入を前向きに検討すべきでしょう。

就業規則の変更などの手続きが必要

定年年齢を引き上げる際には、就業規則を変更する必要があります。

まず、当然のことながら就業規則の中の、定年年齢を規定している部分を変更します。通常、就業規則には、「定年は60歳とする」というように規定されているので、この「60歳」の部分を変更します。

また、定年を段階的に引き上げていく場合にも、そのように就業規則を変更します。

早期退職制度の導入や別会社の設立という方法もある

定年年齢を引き上げると、高年齢の従業員が増加することで、企業の年齢構成が不均一になってしまう可能性があります。そのような事態を防ぐために、早期退職制度を導入するという方法があります。

早期退職制度を導入する場合には、まずは早期退職制度の対象となる従業員の条件を具体的に決めます。たとえば、「55歳から60歳の従業員」や「50歳から60歳の従業員のうち勤続15年以上の者」といった

■ 定年年齢の引上げを行う場合の手続き

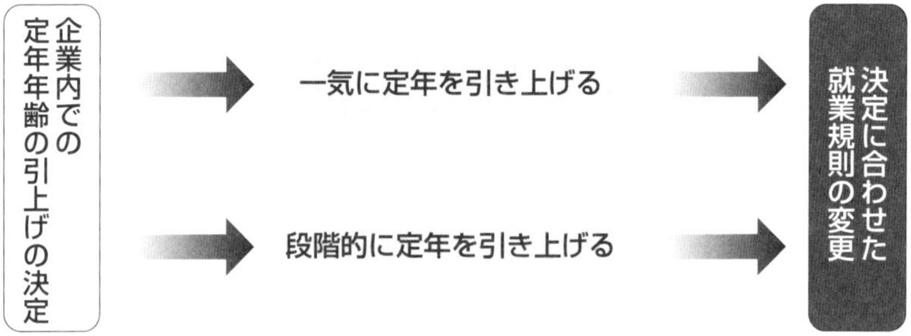

規定を置きます。

次に、どのような形で退職金の支給について優遇するかを決めます。退職金の優遇措置を設けなければ、退職しようと考える従業員は出てこないので、退職金優遇制度を設けることは必須です。通常は、退職金に一定の率を掛けた額を元の退職金に上乗せしたり、賃金の一定月分を上乗せしたりします。また、年齢に応じて上乗せする額を変更するという制度を採用することもできます。たとえば、45歳から50歳までの従業員が退職すれば退職金を30%上積み、50歳から55歳までの従業員が退職すれば退職金を20%上積みするといったような制度を作ります。

雇用確保措置の対象となる60歳以上の高年齢労働者について、別の会社を設立して、そこで高年齢労働者を雇用することも可能です。通常、高年齢労働者の受け皿となる会社には、元の会社の業務の一部を委託し、業務の一部を代行してもらいます。また、受け皿となる会社を設立する場合には、その会社に移籍することになる年齢や労働条件などをあらかじめ決めておくことが必要になります。

■ 定年年齢の引上げについて定める規定例

第○条（定年） 定年年齢は、65歳とする。
第○条（適用範囲） 本規程はすべての従業員に適用する。
第○条（本規程の効力） 本規程は、令和○年○月○日から効力を生じる。

2 定年年齢を引き上げる場合の注意点について知っておこう

割り振る仕事を見直す

賃金や賞与、退職金の見直しが必要

定年年齢を引き上げる場合、賃金や賞与、退職金の見直しが必要になります。通常、定年制を採用しているということは、定年に達するまでは一定の給与体系を用いるということを意味します。そのため、本来であれば、定年年齢を引き上げた場合には、引き上げた定年に達するまでは従来の方式により賃金を支払う必要があります。

しかし、定年延長前の給与体系をそのまま高年齢労働者に用いてしまうと、高年齢労働者に高い賃金が支払われ、企業の負担が大きくなってしまう可能性があります。そのため、次のような方法で人件費の負担を軽減する必要があります。

① 従来の定年を過ぎた労働者に対しては、他の労働者とは別個の賃金体系に基づき賃金を支払うことで、賃金を抑制する。

② 50～55歳から基本給の昇給額を抑え、役職手当などの見直しを行い、賃金の総額を調整する。

また、賞与に関しても同じ問題が生じます。給与の場合と同じように、定年年齢を引き上げた場合には、本来は、定年に達するまでは一般の労働者と同じような基準で賞与を支給すべきといえます。しかし、企業の人件費の増大を防ぐ必要性が高い場合には、高年齢労働者に支給する賞与の掛率などを減らします。

退職金支払いの対象となる勤務期間も、定年を延長する際には考慮する必要があります。通常、退職金は労働者の勤務期間に応じて決められ、勤務期間が長いほど退職金の額は大きくなります。しかし、従来の定年以後の勤務期間は、退職金算定の基礎となる期間とはしない

とする制度を導入することも必要です。

これらの見直しは、就業規則の変更も必要となります。そのため、定年年齢の引上げを行う前に変更する必要があります。実施後に変更する場合は、就業規則の不利益変更に該当する可能性があるため注意が必要です。

役職はどのように取り扱うか

定年年齢を引き上げる場合には、従来の定年に達した者の役職をどのように扱うかについても考える必要があります。本来は、定年年齢を引き上げた以上は、従来の定年とは関係なく役職を引き継いでもらうべきなのですが、労働者の職務遂行能力の低下といった事情がある場合には、役職を退いてもらう必要があるといえます。

役職については、従来の定年などとは関係なく、その労働者にリーダーシップがあるか、それまでの実績はどうか、健康状態はどうか、意欲はあるかといったことを考慮し、役職を継続させるか離脱させるかを決めるのがよいでしょう。

どんな仕事を担当させるのがよいのか

定年年齢を引き上げる場合には、高年齢労働者に対してどのような業務を割り振るかを考えておく必要があります。

割り振る仕事の内容については、今までどおりの仕事にするか、従来の定年の時点とは異なる仕事を割り振るかの２つの選択肢があります。定年を引き上げる以上は、高年齢労働者に対しても今まで通りの業務を割り振ることが理にかなっているといえます。高年齢労働者にとっては、まったく新しい仕事を習得することは容易ではありません。また、高年齢労働者は今までの経験を活かした業務に就きたいと考えているので、この点からも高年齢労働者には今まで通りの仕事を割り振るべきだといえるでしょう。

3 定年制を廃止するという選択もある

労働者の経験を活用できる

定年制廃止のメリットとは

定年制廃止とは、文字通り定年制をなくしてしまうことをいいます。定年制を廃止すれば、一定の年齢になった時点で労働者が自動的に退職するということがなくなりますので、定年制の廃止は労働者の雇用延長の方法のひとつだといえます。

定年制を廃止することのメリットは、定年年齢を引き上げる場合と同じです。高年齢者を雇用することへの「社会の要請に応えることができる」「高年齢者の経験を活用できる」「労働者の勤労意欲の向上に貢献できる」という点が挙げられます。厚生労働省が公表している「令和元年高年齢者の雇用状況」によると、定年制の廃止の方法で雇用確保措置を実施している企業の割合は雇用確保措置実施済み企業の３％未満となっており、定年廃止を実行している企業は少ないというのが実情です。そのため、高年齢者でも働ける環境が整備されていることは会社の１つの魅力ということができます。

定年制を廃止できないおもな理由としては、①会社の人件費負担が大きくなる、②管理職ポストが空かず、人事の停滞がおこる、③加齢に伴う身体能力の低下が起きても退職させることができない、ということが挙げられます。逆にいえば、定年制を廃止している会社においては、①～③は問題にならないといえます。定年制を廃止できる会社は、年功序列型賃金制度ではない職務や成果に応じた賃金制度、能力に応じた役職の昇格・降格基準または就労能力を客観的に把握する基準が明確になっている、などの労務管理が優良な企業といえます。

定年制を廃止することによって生じるデメリット

定年制を廃止する場合には、会社への負担を考えなければなりません。

まず、定年制を廃止してしまうと労働者の数が多くなってしまいます。そのため、全体の仕事量に対する労働者の数が過剰になります。

労働者の数が増えるということは、企業が負担する賃金の額も大きくなることを意味します。そのため、定年制を廃止することで、企業が労働者に支払う賃金の額も大きくなることが予想されます。

また、高年齢の労働者が増加すると、社会の変化に対応できなくなってしまう可能性があります。定年制を廃止し、高年齢の労働者が増えると、社会の変化に柔軟に対応できずに新規の仕事が減る可能性があるというリスクを抱えることになります。さらに、最近ではICTやIoT、AIなど、情報化が急速に進展しています。これらの新しい技術に対応することは、若年者より高年齢者の方が難しいと考えられています。

退職を促すときは注意する

定年制を廃止する場合、年齢によって一律に労働者が退職することはありませんので、高年齢の労働者の職務遂行能力に問題が生じる可能性がでてきます。そのような場合には、高年齢の労働者に対して退職を勧奨する必要があります。

■ 定年制度を廃止する場合の手続きの流れ

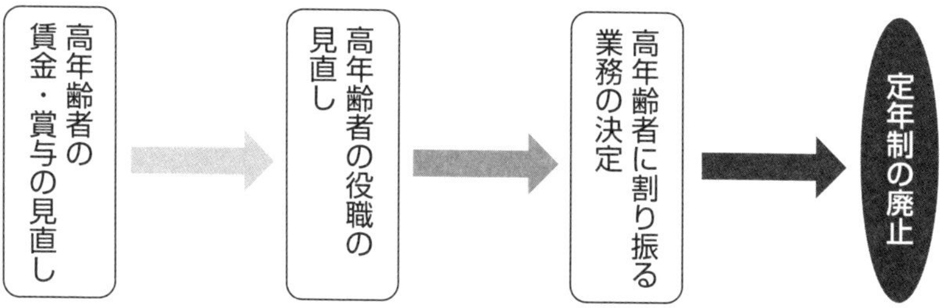

退職勧奨を行う際には、その基準を明確にする必要があります。たとえば、職務遂行能力を数値化してその数値によって退職勧奨を行うと決めたり、健康診断の結果から労働者の健康が悪化している場合に退職勧奨を行うと決めておくことが合理的だといえます。

また、退職勧奨の基準は、労働者へ事前に周知徹底しておく必要があります。退職勧奨に応じて労働者が退職をする場合には、労働者に退職届を提出してもらいます。退職の意思表示をしたことを書面で残しておかないと後にトラブルが生じる可能性があります。

場合によっては、退職勧奨に応じて退職する者に対して退職金を支給します。

就業規則の変更などの手続きが必要になる

定年制度を廃止する場合には就業規則を変更する必要があります。通常、就業規則には、「定年は60歳とし、この年齢をもって従業員としての資格を失う」というような規定が置かれています。定年制度を廃止する場合には、この規定を削除し、年齢により従業員としての身分を失わないような就業規則にする必要があります。

■ 定年廃止について定める規定例

第○条　60歳定年としている現在の制度を、令和○年○月○日より廃止する。

第○条　定年制の廃止は、すべての従業員に対して適用する。

第○条　定年制の廃止にかかわらず、会社は、従業員に解雇事由がある場合には解雇をすることができる。

第○条　60歳を超えた従業員の待遇等については、別途規程を定める。

4 定年を廃止する場合の注意点について知っておこう

役職についても見直す

賃金や賞与、退職金の見直しが必要

定年制を廃止した場合においても、定年年齢引上げと同様に賃金・賞与・退職金の支給体系を見直す必要があります。

賃金については、定年制廃止前の基準を用いて支給するか、新しい基準を用いて支給するかという２つの選択肢があります。定年制を廃止するということは、年齢に関係なくすべての従業員を同じように扱うということを意味しますので、原則としては定年制廃止前の基準をそのまま用いて賃金を支給することになります。

たとえば、一般の従業員に対して、基本給に諸手当を加えたものを賃金として支給している場合には、高年齢の労働者に対しても同じように基本給に諸手当を加えたものを支給します。

ただし、高年齢者の職務遂行能力に応じて賃金を引き下げる必要性がある場合には、60歳を過ぎた労働者に対しては別個の賃金体系を用意しておきます。60歳以降の労働者に対しては在職老齢年金（166ページ）が支給されますので、その分の賃金を引き下げるという制度を作るのが現実的な対応だといえます。また、50歳頃から昇給額を徐々に抑制し、賃金上昇カーブを引き下げるという賃金体系にすることで、人件費の総額負担を軽減することもできます。定年制度を廃止する場合には、年功序列型賃金をあらため、担当する職務に応じた賃金を支給することが理想的です。

賞与については、一般の従業員と同じように支給するか、一般の従業員と比べて低い額を支給するかという選択肢があります。

退職金についても見直す必要があります。定年制を廃止するのであ

れば、勤務した期間すべてを退職金算定の基礎とすべきですが、会社の退職金負担が重くなりすぎるという場合には、60歳までの勤務期間を退職金算定の基礎となる期間とします。

また、役職や担当してもらう業務についても定年を廃止することをふまえて見直しが必要です。労働条件などの見直しのポイントは下図のとおりです。

退職・解雇の基準を作る

定年を廃止すると、従業員が退職を申し出ない限り、いくつになっても働き続けることが可能となります。そのため、年齢の代わりとなる、退職・解雇の基準を明確にしておく必要があります。その際に就業規則などに記載しておくとトラブルを防ぐことができます。たとえば、業務遂行を数値化して客観的・合理的な基準を作成する、などがあります。

■ 定年廃止後の労働者を雇用する場合のポイント

項　目	注意点・ポイント
賃金	・原則として、以前の賃金体系を維持する。ただし、労働者の職務遂行能力が低下している場合には賃金も引き下げる
賞与	・支給水準を引き下げることも検討する
退職金	・退職金算定の基礎となる期間を検討する
役職	・定年制の廃止をするということは、すべての従業員を同じように扱うということを意味する ・職務遂行能力という観点から、高年齢労働者の役職を決定する
担当させる仕事	・高年齢労働者は、今までの経験を活かした仕事を担当したいと考えている。新たに業務を覚えてもらうよりは、今までの経験が活きる仕事を担当してもらった方が、円滑に業務が進む ・基本的には、それまで通りの業務を担当してもらう

第3章

雇用延長と関わる労務のポイント

1 高年齢者を雇用するにはどうする

嘱託契約で再雇用することが多い

高年齢者の能力を活かす

近年では、高年齢者の雇用の確保が重要な労働問題としてとり上げられていますが、多くの会社が定年制を導入しているのが実情です。定年制導入の理由は、役職ポストを空けるためや人件費の削減、加齢による身体機能や仕事能力の衰えといったことが考えられます。

しかし、平均寿命が男性約81歳、女性約87歳（平成30年簡易生命表の概況より）と、高年齢者が増えているという状況になったことや、人口減少によって労働力不足が予想されること、年金受給年齢が引き上げられることなど、社会的な状況が変化してきました。このような社会では、定年を迎えた社員のそれまでに培われた経験と知識、技術を労働力として活用することは、会社としても、社会全体としても必要なことです。

では、単に定年年齢を高くしたり、定年制度を廃止したりすればよいのかというと、企業経営上、そう簡単にはいきません。そこで、双方の要望を満たす方法として、**嘱託社員**として再雇用するということがよく行われています。

「嘱託社員」という雇用形態については、法律上の明確な規定はありませんが、おおむね数年の有期契約、技術・知識の指導などを目的とした雇用であることが多いようです。

嘱託契約で再雇用する際の労働条件はどうするか

嘱託社員を雇用する目的や理由を考えると、契約時の労働条件は、正社員など他の社員とは違う基準で設定しなければなりません。場合によっては、嘱託社員用の就業規則を作成することも必要になるでしょう。定年退職者を嘱託契約で再雇用するときに検討すべき労働条件としては、以下のようなものがあります。

① 契約期間

定年退職者を嘱託契約で雇用する場合、年齢的な面から見ても期間を定めて契約するのが通常です。契約期間については、法律上は、原則として３年、厚生労働省が認める高度な専門技術を有する場合や満60歳以上の労働者の場合は５年という上限が定められていますが、契約は、半年または１年間の有期契約とし、満65歳までは本人と会社の状況を見て更新を繰り返すというのが一般的です。

② 仕事内容

再雇用の対象者は、退職前まで重要な役職を担っていた場合も多いようですが、いったん定年退職した場合、退職前の職務を引き続きこなさなければならないわけではありません。再雇用の際には、どのような仕事を行うかを明確にしておきます。

③ 就業時間

定年退職者の体力や、第二の人生計画、仕事内容などから考えると、必ずしも正社員と同様の就業時間とする必要はありません。本人と相談の上、週休３日制としたり、出勤・退勤時間をずらしたりするといった取り決めをしておくとよいでしょう。

なお、年次有給休暇については、条件を満たせば取得の権利が発生します。また、定年退職直後に嘱託契約を締結した場合には、退職前からの年休が引き継がれますので注意が必要です。

④ 賃金

定年退職時の賃金を参考に決定するのが一般的ですが、必ずしもその金額を基準とする必要はありません。就業時間や業務内容などから、妥当な金額を設定すればよいでしょう。

2 嘱託契約について知っておこう

契約内容を十分に理解しておく

嘱託契約には３種類ある

嘱託という言葉には、人に何らかの仕事を頼んで、遂行してもらうという意味があります。このため、それまでの経験や知識、技術力を有する定年退職者に若手社員の指南役として残ってもらいたい場合などに、再雇用した人を嘱託社員という名称で呼ぶことが多いようです。実際にはこれ以外のケースでも、働いている人の立場を嘱託という言葉で表すことがあります。

たとえば、企業や団体が社員や職員の健康診断などを頼んだり、警察が検死を依頼する医師のことを嘱託医師と呼びます。この場合、医師はその企業や団体の社員または職員となるのではなく、別の大学や病院などに勤務していて、「健康診断」「検死」などという特定の業務だけを行うことになります。

また、建設会社が設計事務所に住居の設計を依頼したり、製造した商品の運搬を決まったトラック運転手に依頼するといった場合にも、「嘱託」という名称の契約を締結することがあります。この場合には一般的な使用者・労働者という雇用契約ではなく、会社対会社（個人事業主）という対等の立場で契約をしていることがあります。

このようにひと口に「嘱託」といっても、契約の内容によってはその立場がまったく違ってくる場合があります。ところが、当事者がその違いを知らず、「自分は会社に雇用されていると思っていたのに実際はそうではなく、仕事中にケガをした際の労災保険を受けられなかった」といったようなトラブルが生じることもあるので、注意が必要です。

契約の内容には、民法上の分類として雇用契約、請負契約、委任契約の３種類があります。

３種類の嘱託契約の特徴をおさえよう

３種類の嘱託契約について下図のようにまとめてみました。ただ、図中の例は必ずしもその型にだけあてはまるものではなく、契約内容によっては他の型に分類されるケースもあります。

３種類の嘱託契約

	雇用型	請負型	委任型
内容	指揮命令のもとに業務に従事した対価として報酬を受ける雇用契約	仕事の完成を約束して、その対価として報酬を支払う契約	委任者が受任者に対して法律行為を委託するもの
例	・定年退職者の再雇用 ・社員食堂の調理人 ・独身寮の賄い人	・プログラマー ・大　工 ・左官工	・取締役 ・監査役 ・弁護士 ・医　師
特徴	・勤務時間が定められており、拘束性が強い ・指揮監督を受ける形で労務提供がなされている ・労務の提供に対して報酬が支払われる ・定期的に報酬の支払いがある	・仕事の完成と報酬の支払いが要件となる ・請負人に完全な独立性がある ・請け負った仕事を第三者に委託することができる ・契約不適合責任（※2）を負う	・原則として無報酬だが、報酬の定めをするのが一般的。報酬は後払いとするのが原則 ・委任者からの独立性が認められる ・善管注意義務（※１）を負う ・事務処理終了前に委任者の請求に応じて報告する義務を負う。また処理後にも報告義務がある

※１）その人の職業または生活状況に応じて、通常要求される程度の注意義務のこと
※２）通常の注意では発見できない隠れた欠陥がある場合に、売主（ここでは請負人）などが負うべき責任のこと

3 労働契約を結び直すときの注意点は何か

労働条件の明示や中間搾取の禁止などの約束事が労働者を守る

労働条件の見直しを行うときに気をつけること

雇用延長する高年齢者の労働条件を見直した場合、労働契約（雇用契約）を結び直すことになります。

労働契約は労働者（被雇用者）が使用者に労務の提供をすることを約し、使用者がその対価として賃金を支払う契約です。契約という意識がなくても、「雇います」「雇われます」という合意だけで契約は成立します。ただ、お互いが合意さえすれば、どんな内容の労働契約を結んでもいいというわけではありません。

労働契約はさまざまな法令などの制約を受けます。その中でおもな基準となるのは労働基準法、労働組合法による労働協約、就業規則です。これらに違反しない範囲で労働契約は有効となります。

労働基準法は、労働条件は労働者と使用者が対等の立場で決めるべきだとし（労働基準法２条１項）、労働者を保護するために、合意された内容のうち労働基準法で定める最低基準に満たないものを無効とし、同法に規定されている内容がそのまま契約の内容になるとしています（労働基準法13条）。

再雇用後の労働条件を明示する

使用者は労働契約の締結にあたり、労働条件を明示しなければなりません。明示する内容は賃金や労働時間などで一定の事項については書面による交付が義務づけられています。

労働契約の内容は、法律や規則あるいは書面により決まります。就業規則を備えつけるなど、職場での明示が義務づけられています。

さらに労働基準法は、労働者を雇い入れる際に、賃金、労働時間などの重要な労働条件を明確に説明することを義務づけています（労働基準法15条１項）。労働条件の明示は口頭でもよいのですが、そのうち「賃金の決定、計算、支払いの方法、締切、支払いの時期」などの一定の事項については、書面（下図）を交付して明示しなければなりません。

また、正社員からパートタイム労働者へ契約の切り換えを行う場合のように、パートタイム労働者として雇用する場合には、それらの事項に加えて、①昇給の有無、②退職手当の有無、③賞与の有無などについて、文書、あるいは電子メールなどによって明示することが必要になります（パートタイム・有期雇用労働法６条）。

■ 明示しなければならない労働条件

書面で明示しなければならない労働条件	● 労働契約の期間に関すること ● 期間の定めのある労働契約を更新する場合の基準に関すること ● 就業場所、従事すべき業務に関すること ● 始業・終業の時刻、所定労働時間を超える労働の有無、休憩時間、休日、休暇、交替勤務制の場合の交替について ● 賃金(※)の決定、計算・支払の方法、賃金の締切、支払の時期、昇給に関すること ● 退職・解雇に関すること
右に示した事項を使用者が定めている場合にだけ明示しなければならない労働条件	● 退職手当の定めが適用される労働者の範囲、退職手当の決定、計算・支払の方法、退職手当の支払の時期に関すること ● 臨時に支払われる賃金（退職手当を除く）、賞与・賞与に準ずる賃金、最低賃金に関すること ● 労働者の負担となる食費、作業用品などに関すること ● 安全、衛生に関すること ● 職業訓練に関すること ● 災害補償、業務外の傷病扶助に関すること ● 表彰、制裁に関すること ● 休職に関すること

※　退職手当、臨時に支払われる賃金、賞与等の賃金を除く

4 労働契約法について知っておこう

無期転換ルールには、定年後再雇用者を除外する特例がある

労働契約法は何を規定しているのか

労働者が働く場合には、労働契約を使用者との間で締結します。労働契約では、賃金額だけでなく就業場所や契約期間など、働く上での基本的なことを労働者と使用者で合意し書面に残しておきます。労働基準法では労働条件の明示事項を規定していますが、就業形態の多様化や就業場所の変更、雇止めなど個別労働関係紛争が増加してきました。そこで、労働契約の基本的な事項を定めるために労働契約法が施行されました。

労働契約法では、労働契約は労働者と使用者が対等の立場で合意することによって締結するなどの原則を示しています（３条）。また、労働条件を変更する場合には、労働者と使用者の合意により行うことができます（８条）。

労働条件の変更については、就業規則によって変更することもあります。たとえば、経営状況の悪化などにより賃金額などの変更をすべての労働者に行う場合があります。この場合には、原則として、労働者の合意なく不利益に労働契約の内容である労働条件を変更することができません（９条）。しかし、一定の条件を満たせば就業規則の変更により労働条件を変更することができます（10条）。就業規則の変更を行う上で注意すべき点については74ページに記載しています。

契約の更新により通算の契約期間が５年を超えた場合

労働契約法では、有期労働契約の更新が繰り返し行われ、通算契約期間が５年を超えている場合、労働者からの申込みによって、自動的に有期労働契約が無期労働契約に転換されるという「無期転換ルール」が規定されています（18条１項）。有期雇用労働者が実質的に長期間雇用されているにもかかわらず、使用者の都合で契約が更新されない（雇止め）と、労働者の生活が不安定になる可能性があるため規定されました。

具体的には、同じ使用者との間で締結していた労働契約の通算期間が５年を超えれば、労働者は有期労働契約から無期労働契約に転換するよう申込みができます。労働者から申込があった場合、使用者は、労働者の申込みを自動的に承諾したとみなされるため、申込みの拒絶はできません。

無期労働契約に転換した際の労働条件は、契約期間が「期間の定めがないもの」になる以外は、原則として、有期労働契約を締結していたときと同じです。

実務上は、契約社員、パートタイマーなどとの間で契約の更新を繰り返すことが多いため、人事担当者や管理者は「契約期間が通算５年を超えるかどうか」という点に注意する必要があります。

無期転換ルールについての各種特例について

有期労働契約から無期労働契約への転換ルールには、以下のような特別ルール（特例）があります。

①　研究者に対する特例

特例の対象となる専門家は、大学や研究開発法人などとの間で有期労働契約を締結している教員、研究者、技術者などです。

有期労働契約から無期労働契約への転換は、通算契約期間が５年を超えた場合に、労働者の申出により行うことができるのが原則です。しかし、上記の専門家が大学や研究開発法人などとの間で有期労働契約を結ぶ場合は、専門家の申出により無期労働契約への転換が可能になるまでの通算契約期間が10年超に延長されます。このように無期労働契約への転換期間に特例を設けることで、日本の研究開発能力を強化し、研究開発などを効率的に進めていくことが意図されています。この場合の通算契約期間については、専門家が大学に在学している期間を算入しないことに注意します。つまり、専門家が大学に在学しながら上記の有期労働契約を結んでいると、在学期間の分だけ無期転換ルールの適用を受ける時期が先延ばしになります。

② 高度な専門知識を持つ有期雇用労働者に対する特例

高度な専門知識を持つ有期雇用労働者は、一定期間、無期労働契約への転換申込みがなされないという特例が設けられています。特例の適用対象となるのは、高収入・高度な専門知識を持つ有期雇用労働者で、10年を上限としたプロジェクトに従事する場合です。たとえば、７年間のダム建設のプロジェクトがあった場合には、その７年間は無期転換の申込権は発生しません。ただし、７年後に有期労働契約が更新される場合には、無期転換ルールが適用されるため無期転換申込権が発生します。

③ 60歳以上の定年後に有期契約で継続雇用される者に対する特例

60歳以上の定年後に有期契約で継続雇用される者に対しては、無期労働契約への転換申込みがなされないという特例が設けられています。これはあくまで定年前まで正社員のように無期雇用されていた者に限定されており、60歳未満から有期労働契約が反復されている者については、無期転換ルールが適用されるため注意が必要です。

このように②と③に該当する者は、雇用の安定が損なわれることが少ないため特例で除外されています。また、特例を利用するためには、雇用管理措置（高年齢者雇用推進者の選任など）の計画を作成した上で、都道府県労働局長の認定を受けることが必要です。

雇止めが無効になるルールが法定化された

使用者は、無期転換前の５年を経過するまでの間に、労働者が契約の更新を希望しているにもかかわらず、有期雇用労働者を期間満了で契約終了させることができます。こういったことが起きてしまうと、せっかくの無期転換ルールの意味がありません。そのため、有期の労働契約の更新についてのルールも定められています（19条）。事業主は、有期の労働契約が継続して更新されており、労働契約を更新しないことが解雇と同視できる場合や、労働者が労働契約の更新がなされると合理的な期待をもっている場合には、原則として労働契約を更新しなければなりません。

労働契約を更新しないことが解雇と同視できるかという点や、労働者が労働契約の更新がなされることに対して合理的な期待をもっているといえるかどうかは、更新の回数、労働契約の内容、雇用の継続に対する使用者の言動などの事情から判断します。

また、有期労働契約を締結している労働者と期間の定めをしていない労働者との間で、不合理な労働条件を設定することはできません。この規定については、労働契約法に規定が置かれていましたが、同一労働同一賃金制度が実施される中で、パートタイム・有期雇用労働法に組み込まれ削除されています（89ページ）。

■ 無期転換ルールの特例

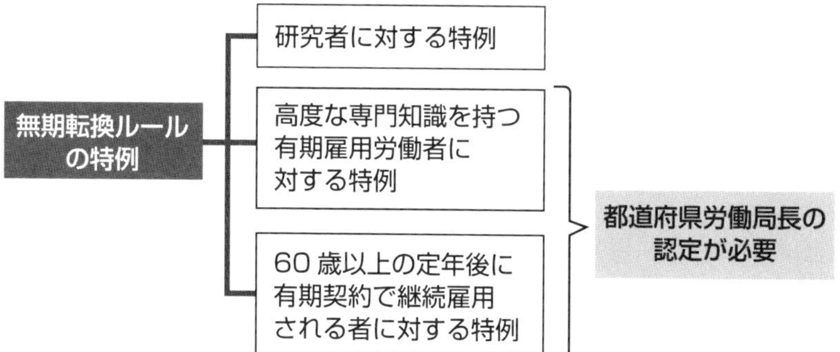

5 労使協定や労働協約について知っておこう

労使の利害を調整するためのもの

労使協定とは

労働者の働き方についてのルールは、契約だけで定められるわけではありません。就業規則や労使協定、労働協約、労使委員会の決議などさまざまな方法で規定されます。

とくに、雇用確保措置については、労使協定で対象者基準を定めることができるとされていたこともあり、労使協定で何らかの定めをしている企業も多いと思われます。

労使協定とは、事業場に労働者の過半数で組織する労働組合があるときはその労働組合、労働者の過半数で組織する労働組合がないときは労働者の過半数を代表する者との書面による協定です。労使協定には、労働基準監督署への届出が義務づけられているものとそうでないものがあります。

たとえば、労働時間については1日8時間、週40時間というルールがありますが、労使協定を結び労働基準監督署に届け出ると、1日8時間以上の労働を命じても違法とはなりません（三六協定）。

労働協約とは

労働者には、団結して労働組合を組織する権利が認められています（団結権）。そして、労働組合を主体として使用者と交渉する権利も認められています（団体交渉権）。この団体交渉の結果、労働組合と使用者との間で労働条件が決定されると、その内容は、当事者の署名・押印と共に書面に残されます。これが**労働協約**です。労働協約については、基本的には、労働組合法14条以下に規定されています。

労働協約は、労働組合と使用者の合意によって締結されます。ただ、その内容が効力をもつためには、正式に書面にして当事者双方が署名・押印しなければなりません。労働協約に定める労働条件その他の労働者の待遇についての基準に違反する就業規則や労働契約はその部分につき無効となります。そして、無効となった部分の効力は、労働協約の定める基準に従って判断します。また、労働契約で定められていない部分についても、労働協約に従います。一つの事業場に常時使用される同種の労働者の４分の３以上の者が、一つの労働協約の適用を受ける場合には、その事業場の残りの労働者にも、その労働協約が適用されることになります。この効力を**一般的拘束力**といいます。

労使委員会とは

近年では、これまでにない新しい労働条件が、各事業場で次々と導入されつつあります。そのたびに労使が意見交換し、折衝しているのでは、あまりにも非効率的です。そこで労働基準法によって、労使の間に入って協議を進める担当機関として、**労使委員会**の設置が認められました。労使委員会の目的は、賃金、労働時間などの事業場における労働条件について調査審議し、事業主に対し意見を述べることです。労使委員会は、継続的に設置される機関で、使用者と事業場の労働者を代表する者から構成されます。

労使委員会での議事については、議事録を作成し、保管しなければなりません。そして、事業場の労働者に対して周知させることになっています。また、労使委員会の決議は、労使委員会の委員の５分の４以上の多数決によることで労使協定の代替とすることが認められる場合があります。たとえば、１年・１か月・１週間単位の変形労働時間制や時間外労働を導入する場合には、労使委員会の決議があれば、労使協定を定める必要はありません。

6 退職金について知っておこう

退職金の支払いは必ずしも法律上の義務ではない

根拠があるのかどうかがポイント

退職金とは、労働者が退職する際に、会社がその労働者に支給する金銭その他の給付のことで、会社によっては「退職手当」「退職慰労金」「退職年金」などさまざまな名称で呼ばれています。

ただ、退職金は、労働の対価として支払われる通常の賃金と違い、支払いが義務づけられているものではありません。つまり、使用者が退職金制度を設けていなかったとしても、とくに法的な問題はないということになります。

企業が退職金制度を設ける理由としては、「長期にわたる勤務に対する会社からの慰労」「一定期間働いたことに対し賃金を後払いする」「退職後の生活を保障する」といったことが挙げられます。これには、以前からの終身雇用という雇用形態が強く影響しているようです。

企業が退職金制度を設ける場合、労働基準法では、①適用される労働者の範囲、②退職手当の決定、③計算及び支払方法といった事項を決定し、就業規則などに規定するよう求めています（労働基準法89条３号の２）。

就業規則は、労働者と使用者が互いに守るべき社内の「法律」です。就業規則などに記載されると、退職金は労働基準法上の賃金と同様に扱われることになり、使用者には退職金を支払う義務が生じる、とされています。また、判例では、たとえ就業規則などに明確な記載がなかったとしても、慣行として過去に支給実績がある場合には、退職金の支払義務を認めるべきであるという判断が出されているため、就業規則に規定がない場合にも、退職金を出すことが社内慣行になっていたり、過去に退職金が支払われた実績があれば、労働者は退職金を支払うよう会社に請求できることになります。

このように、退職金が支払われるかどうかは、根拠となる規定や慣行があるかどうかによって決まります。

就業規則に退職金規程があることが多い

多くの会社では、就業規則に退職金規程が適用される労働者の範囲や支給金額、支給時期、支給方法などが記載されています。退職金については労働者がいつでも退職金規程で確認できるように周知しておく必要があります。一般的には在籍年数が長ければそれなりに支給金額が増えていく会社が多いと思います。

雇用延長との関係では、再雇用や勤務延長により雇用延長した労働者に対してどのような形で退職金を支払うのかを明確にしておく必要があります。

再雇用の場合、いったん契約が終了することになるため、労働者の労働条件が変わる可能性もふまえて当初の定年時点で支払うのか、再雇用後の期間満了時まで支払いを猶予するのかを決めます。

一方、勤務延長の場合、雇用契約を終了させることなく勤務を延長させるため、定年時点では退職しません。ただ、トラブルにならないように、当初の定年時点で支払うのか、勤務延長期間満了後まで支払いを猶予するのかについては就業規則や退職金規程で明記しておくのがよいでしょう。

退職金を支払わなくてもよい場合とは

就業規則などで明確に規定された退職金は、規定に沿って算出された全額を受給権者に対して直接支払うのが原則です。労働者には退職金を支払うように請求する権利があり、たとえ使用者側に退職金を支払うための資金がなかったとしても、その権利は消えません。

このように、退職金は安易に減額したり、撤回するようなことはできないものですが、次のような条件をすべて満たす場合には、会社に退職金制度があった場合であっても退職金の減額や不支給が認められることがあります。

① 重大な就業規則違反など特別な事情があった

② 就業規則に退職金の減額や不支給についての要件が明確に記載され、労働者に周知されている

③ 社会通念（社会常識）に照らして、退職金の減額や不支給が容認されるほどの状況にある

退職金を支給しないことが認められるケースとしては重大な懲戒解雇事由がある場合が挙げられます。使用者側にしてみれば、懲戒解雇をするということ自体、労働者側に問題があったということですから、慰労の意味を持つ退職金を支給することに抵抗を感じるかもしれません。就業規則などに「懲戒解雇時は退職金を不支給とする」といった規定を置いている企業も多いでしょう。

ただ、退職金には「賃金の後払い」という性格もあるとされています。このことを考えると、たとえ就業規則などに明記されていても、安易に全額を不支給とすることは認められないというのが判例の見解です。つまり、その懲戒解雇理由が、会社の経営を左右するような背信行為であった場合や、重大な犯罪に関わっていた場合など、それまでの労働の実績や会社との信頼関係を完全に損なうようなものでない限りは、退職金の全額不支給には問題があるということになります。

ポイント制退職金制度とは

多くの会社では就業規則などで退職金規程が設けられており、一定の勤続年数を経て退職した労働者に退職金を支給しています。

退職金の計算方法は、退職時の基本給に勤続年数、年齢、会社でのポストなどを考慮した一定の係数を乗じて算出するというものが多い

ようです。その他に、最近では、基本給に連動する退職金制度からポイント制退職金へ切り換える企業もあります。

ポイント制退職金制度とは、従業員の会社への貢献度をポイント化し、そのポイント数に応じて退職年金や一時金の金額を決定するしくみのことです。退職時の賃金と退職金が直接連動しない点がポイント制退職金制度の特徴です。ポイント制といってもさまざまな種類がありますが、勤続年数や職能資格、役職をポイント化し、そのポイントの累計をポイント単価（1ポイントあたりの退職金のこと）に乗じて退職金を決定します。ポイント単価は5000円、1万円など、各企業が決定できますが、経済情勢、物価変動などに応じて見直すことができるようにしておきましょう。会社都合か自己都合かといった退職事由で差を設ける場合には、さらに退職事由係数を設定して乗じることになります。

また、退職金制度については、退職金の支払いが過大な負担にならないようにするために、中小企業退職金共済制度（事業主が掛金を納付し、従業員の退職の際に掛金に応じて独立行政法人勤労者退職金共済機構から退職金が直接支払われる制度）と会社独自の退職金制度を併用することも可能です。このように、退職時の賃金以外を基準として退職金を算出するケースは増えています。

なお、希望退職者を募る際は、会社側から退職金の上積みを提示されることが多いようです。「早期退職優遇制度」を実施しているところもあります。早期退職優遇制度では、規程の退職金の2倍近い退職金を出しているケースもあります。

■ ポイント制退職金制度の計算式の一例

退職金の金額 ＝ 退職時のポイントの累計 × ポイントの単価 × 退職事由係数

7 退職金はどのように支払えばよいのか

制度化していれば支払義務がある

どんなことに気をつけて支払う必要があるのか

退職金の支払義務について、就業規則などにより根拠が認められる場合、その支払いは原則として労働基準法24条の「賃金の支払い」の規定に準じて行われなければなりません。

① **通貨で支払われること**

まず、退職金は商品など現物支給ではなく、通貨、現金で支払われることが原則とされています。

ただ、退職金は通常、かなりの高額になるため、現金での受渡しは困難です。このため、労働者の同意があれば特別に銀行その他の金融機関の振出小切手や支払保証小切手、郵便為替などの方法で支給することが認められています（労働基準法施行規則７条の２第２項）。

② **直接労働者に支払われること**

退職金は、原則として使用者から対象の労働者へ直接支払われなければなりません。労働者の親族が「労働者から頼まれた」と請求してきたり、退職金債権を譲渡されたという譲受人が請求してきたとしても使用者がそれらの人に支払ってはいけないわけです。

③ **全額が支払われること**

就業規則などで定められた規定に従って算出された退職金は、原則としてその全額を労働者に支払う必要があります。労働者が会社に対して借金をしていたり、損害を賠償しなければならない場合でも、これを相殺（対当な金額の範囲で互いの債権を消滅させること）する際には労働者の同意が必要とされています。

いつまでに支払えばよいのか

労働基準法の規定によると、労働者が退職した場合、賃金は、権利者の請求があった日から7日以内に支払わなければなりません（労働基準法23条1項）。

就業規則などによって規定された退職金も「賃金」に含まれますので、この規定が適用されますが、退職金については行政通達（役所の解釈で示された法律運用の指針のこと）により、就業規則などに明確な支払時期や分割払いなどの規定がある場合、これに従って支払うことも可能とされています（昭26.12.27基収5483号）。つまり、退職金の支払時期については、会社側がある程度引き延ばすこともできるということです。だからといって支払う時期を明確に示さなかったり、「請求から1年以内に支払う」といった漠然とした規定を置くことが認められているわけではありません。労働者側から見れば、できるだけ速やかに支払ってもらいたいところですが、おおむね6か月程度の猶予は認められているようです。

■ 退職金制度

性　格	①賃金の後払い、②功労報奨、③老後保障
規定の義務	私企業では、退職金の規定を置く義務はない
退職金を定めている場合	就業規則で定める場合には、適用労働者の範囲、決定方法、計算・支払方法、支払時期を記載する必要がある
一般的な算出式	退職時の基本給 × 勤続係数（勤続年数など）× α（退職事由係数）
退職所得	（退職金 － 退職所得控除）× 0.5

8 就業規則を変更するには一定の手続が必要である

就業規則は会社の事情にあわせて改定する

就業規則は常に見直しを求められる

入社してから退職するまでの勤務条件や服務規律などについて記載する、使用者が定める規則のことを就業規則といいます。

再雇用する労働者の労働条件などを見直すために就業規則を変更する場合、就業規則の作成のときと同様に労働基準監督署に届出をすることが必要です。つまり、常時10人以上の労働者を使用する会社では、①条文を変更した就業規則の文書や電子データを作成する、②労働者の過半数を代表する労働組合（労働組合がない場合は過半数を代表する者）の意見を聴き、意見書を作成する、③①・②を労働基準監督署へ提出する、という段階を踏まなければ、就業規則の変更ができません。

労働者の労働形態・労働状況の実態と就業規則が見合わなくなっている場合、経営効率の低下の要因にもなりかねませんので、見直しを行い、必要に応じて変更を加え、より充実した就業規則に育てていく必要があります。

労働条件を不利益に変更する場合の注意点

就業規則の見直しを行う場合には就業規則の変更が、労働条件の不利益変更にならないかどうかについて注意しなければなりません。

まず、就業規則を変更する場合、職場の労働者の過半数で組織する労働組合（労働組合がない場合には労働者の過半数を代表する者）の意見を聴いて意見書を添付すれば、変更は可能です。ここで注意すべきは、合意は必要ではなく、あくまで意見を聴けばよいということです。つまり、使用者は、労働者と合意することなく、就業規則を変更することができます。

しかし、就業規則の変更が労働者に不利益になる場合は、労働者と合意をすることなく、就業規則を変更することは原則としてできないことになっています（労働契約法９条）。つまり、就業規則で労働条件を不利益に変更する場合には、意見を聴くだけでは足りず、労働契約法の原則に従って、合意を必要としているのです。

この規定を反対に解釈すると、労働者に有利に就業規則を変更する場合は、合意は必要なく、単に意見を聴けばよいことになります。それだけで労働者の保護としては十分だと考えられるからです。

就業規則は周知することで有効となりますので、労働者への説明は十分に行う必要があります。

労働者の合意を得ずに就業規則の不利益変更ができるケース

就業規則の変更により、労働条件を不利益に変更する場合には労働者との合意が必要です（労働契約法９条）。

ただ、一定の要件を満たした場合には、労働者との合意がなくても就業規則の変更により、労働条件を不利益に変更することが可能です（労働契約法10条）。

労働者との合意を得ずに、就業規則の変更により、労働条件を不利益に変更するためには、まず、手続きとして、変更後の就業規則を労働者に周知させる（広く知らせる）ことが必要です。さらに、就業規則の変更内容が、労働者の受ける不利益の程度・労働条件の変更の必要性・変更後の就業規則の内容の相当性・労働組合との交渉の状況などの事情を考慮して合理的なものでなければなりません。

このような要件を満たす変更であれば、労働者を不当に不利にする就業規則の変更とはいえないので、労働者との合意を得ずに変更することが可能とされています。

9 賃金を改定するときの注意点は何か

勤務成績や会社の業績などにあわせて労働者の賃金額を変更する

給与の見直し

定年を迎えた労働者を再雇用する場合、とくに労働者の勤務日数が減少するケースでは、給与の見直しを行うのが通常です。

給与の見直しにおいて各労働者の判断基準は、その労働者の勤続期間や年齢、出勤率などといった客観的要件だけで判断する場合が少なくなり、労働者の仕事についての能力、習熟度などを考慮し、使用者の人事考課に基づく主観的要件も加味するのが一般的になっています。

賃金の改定は必ずしも昇給に限らないため降給するという規定も必要です。労働者に支払う賃金の昇給に関する事項は、就業規則に必ず記載しなくてはならない絶対的必要記載事項です。給与の見直しについては必ず就業規則に記載することが必要です。

賞与について

労働者に賞与を支給するかどうかは、使用者に委ねられています。そのため、誰にいくら支給しても、いくら公平性を欠いても原則として使用者の自由です。ただし、同一労働同一賃金制度では短時間労働であることや、雇用期間の定めがあることを理由に不合理な差をつけることを禁止しています。また、就業規則などで賞与の支給基準が明確に示されているにもかかわらず、使用者が恣意的に賞与を支給しないことは認められないこともあります。

賞与は、一般的に、６か月の評価期間を設け、事業の業績および労働者の勤務実績を基準にそのつど支給額を決定し、夏季、冬季に一時金として支給します。賞与は、基本的には支給対象期間の勤務に対応する賃金だといえますが、そこには功労報償的意味だけでなく、生活費の補てんとしての意味および将来の労働への期待としての意味が込められているといえます。

賞与を支給する条件として、支給日に在籍していることを要求する支給日在籍制は、合理的な労働条件として有効であるとするのが判例の考え方です。

賞与の規定を制定・変更する上での注意点は

就業規則に賞与の規定を置く場合に、業績がよいときの実績を元にするのは問題があります。会社の業績が悪化したときに、就業規則どおりに賞与を支給することが難しくなる可能性が高いからです。

たとえば「賞与の支給は６月・12月の年２回とする」と規定していても、業績によっては年１回、場合によってはまったく賞与を支払えないということも出てくるかもしれません。そこで、たとえばただし書として「会社の業績が著しく悪化するなどやむを得ない事情がある場合は、支給月の変更もしくは支給をしないことがある」といった一文を置くなどの対策をとっておくべきでしょう。

また、賞与の計算基準についても注意が必要です。たとえば「１月１日から５月31日、６月１日から12月31日までを賞与の算定期間とする」「基本給の1.5か月分を支給する」「業務成績を元に1.2から0.8までの人事考課係数を付与し、支給額を算出する」とだけ規定していた場合、遅刻が多かったり、査定期間内にほとんど出勤しなかった、極端に勤務態度がよくない、支給日時点ですでに退職しているなど、会社側が賞与の支給に値しないと考えている従業員に対しても、一定の賞与の支給を保証することになってしまうからです。

また、会社への貢献度が低い従業員を賞与の支給対象者から除外したい場合には、「支給日当日に在籍している者を支給対象とする」「算定期間の半分以上休業した者は支給対象外とする」「算定期間中に懲戒処分を受けた従業員は減額対象とする」といった支給条件を記載しておくとよいでしょう。

賃金の不正受給があった場合の注意点は

不正受給としては、扶養していない家族分の家族手当の申告、居住地等や定期代を偽った通勤手当の申告、タイムカード改ざんなどが考えられます。不正受給があまりに高額で意図的でない限り懲戒解雇は難しいでしょう。また、給与は全額を支給するという原則があるため、強制的に給与から相殺すると法律違反になります。そのため、不正受給金額の返還については、その労働者の自由意志により給与から相殺するようにします。

最低賃金法の規定に注意する

継続雇用制度の導入に伴って賃金の改定を行う場合に注意しなければならないのが最低賃金法の規定です。国は最低賃金法を制定し、事業または職業の種類、地域に応じた賃金の最低額を保障することによって労働者の生活の安定等を図っています。

最低賃金法の対象となるのは労働基準法に定められた労働者であり、パートタイマーやアルバイト、嘱託社員、再雇用社員の区別に関係なく適用されます。たとえば、個別の労働契約で、最低賃金法を下回る賃金を設定していたとしても、その部分は無効であり、最低賃金法の賃金額で契約したものとみなされます。もし、最低賃金法以下の賃金しか支払っていない期間があれば、事業者はさかのぼってその差額を労働者に支払わなければなりません。

10 継続雇用する労働者の年休の注意点は何か

再雇用後の年休数は引き継がれる

勤務日数が減った場合でも有給休暇を取得できる

継続雇用後、労働者の勤務日数が減少した場合でも、労働者の有休の取得を一切拒否できるというわけではありません。

労働者の権利である年次有給休暇は、労働基準法39条に定められています。具体的には以下のようになっています。

> ① 使用者は、雇入れの日から起算して６か月間継続して勤務し、全労働日の８割以上出勤した労働者に対し、10労働日の有給休暇を与えなければならない
> ② 使用者は、有給休暇を労働者の請求する時季に与えなければならない。ただし、請求された時季に有給休暇を与えることが事業の正常な運営を妨げる場合には、他の時季に与えることができる
> ③ 使用者は有給休暇の期間については、就業規則などに定められた平均賃金または所定労働時間労働した場合に支払われる通常の賃金を支払わなければならない

年次有給休暇は使用者が与えるか与えないかを決めるものではなく、一定の要件を満たしていれば労働者が当然に取得することができる権利です。年休の取得期間中は賃金の支給を受けることができます。労働基準法は、正社員・非正社員にかかわらず全労働者に適用されるものですから、パートタイマーであっても要件を満たせば年次有給休暇を取得することができます。

ただし、所定労働日数が少ないパートタイマーについては、下図のとおり、週の所定労働日数に応じて年次有給休暇が付与されます。

また、定年後、再雇用された労働者の年次有給休暇について、下図の継続勤続年数は、実際に入社した日から計算します。再雇用日はあくまで雇用形態の変更と考え、継続勤続年数は通算します。また、付与された年次有給休暇は次年度へ繰り越すことができるため、再雇用時にも消化していない年次有給休暇があった場合、繰り越すことができます。

年休は５日以上消化する必要がある

年次有給休暇の日数が10日以上の労働者については、付与された月から１年以内の間に５日以上の年次有給休暇を消化する必要があります。正社員だけでなく、下図で10日以上付与されたパートタイマーも対象になるため注意が必要です。

■ 有給休暇取得日数

継続勤続年数 労働日数	0.5	1.5	2.5	3.5	4.5	5.5	6.5
①一般の労働者	10	11	12	14	16	18	20
②週の所定労働時間が30時間未満の労働者							
週の所定労働日数が4日または1年の所定労働日数が169日～216日までの者	7	8	9	10	12	13	15
週の所定労働日数が3日または1年の所定労働日数が121日～168日までの者	5	6	6	8	9	10	11
週の所定労働日数が2日または1年の所定労働日数が73日～120日までの者	3	4	4	5	6	6	7
週の所定労働日数が1日または1年の所定労働日数が48日～72日までの者	1	2	2	2	3	3	3

11 雇用延長後に人事異動させる場合の注意点は何か

大きく分けると、社内異動と社外異動がある

人事異動は大きく分けて４種類ある

再雇用や雇用延長した労働者の仕事について、配置転換で対応することもあるでしょう。社員の職種や勤務地を変える人事異動は、効率的な人員配置をするために行われます。人事異動には大きく分けると、社内異動と労務の提供先が変わる社外異動があります。

社内異動としては配置転換や転勤があります。**配置転換**とは、同じ使用者の下で、職種や職務内容が変更される人事異動のことをいいます。使用者が同じで勤務地が変わる**転勤**も配置転換のひとつです。転勤命令が権利の濫用にあたる場合には社員は転勤を拒否することもできます。これに対して、社外異動として在籍出向や転籍があります。**在籍出向**は、元の使用者の社員としての地位を維持したままで、異なる使用者の指揮命令に従うこととなる人事異動のことを意味します。在籍出向のことを単に**出向**と呼ぶこともあります。転籍は、元の会社の社員としての契約が終了する人事異動のことをいいます。この他、応援（所属事業場に在籍のまま、通常勤務する以外の事業場の業務を応援するために勤務すること）や派遣も広い意味でとらえると人事異動ということができるでしょう。

配転命令権の行使と限界

配置転換とは、使用者が労働者の職場を移したり、職務を変更することをいいます。一般的には**配転**と略称されます。配転のうち、勤務地の変更を伴うものをとくに「転勤」といいます。転勤は、生活の場の変更を余儀なくされることもあり、労働者やその家族にとって影響

は少なくありません。まず、労働基準法による国籍・社会的身分・信条による差別、男女雇用機会均等法の性別による差別、労働組合法の不当労働行為（労働組合の正当な活動を不当に侵害する行為など、憲法で認められている労働者の権利を使用者が侵害する行為のこと）などに違反する配転命令は認められません。つまり、使用者が労働者を差別的に取り扱ったり、労働組合の正当な活動を不当に侵害したりするために配転命令権を行使することは許されないということです。

従来、配転命令権は、使用者の労務管理上の人事権の行使として、一方的決定や裁量に委ねられていると解釈されていました。たとえば、「会社は、業務上必要がある場合は、労働者の就業する場所または従事する業務の変更を命ずることがある」と就業規則に一般条項を定めている場合、使用者は一方的に配転命令権を行使できました。

ただ、最近は配転命令権の行使が労働契約の範囲を超える場合は、使用者側から労働契約の内容を変更する申出をしたものととらえ、労働者の同意がない場合、配転は成立しないと考える立場が有力です。労働契約の内容の変更に該当するかどうかについては、配転によって勤務地あるいは職種が変わったかどうかによって判断されます。

勤務場所の限定

社員と会社との間で勤務地を限定する旨の合意がある場合は別ですが、全国的な転勤を予定して雇用・再雇用する場合、住居の変更を伴う配転命令であっても使用者は業務上必要な人事権として行使することができます。これに対して、現地採用者やパート社員などのように採用時に勤務地が限定されている場合は、本人の同意なしに一方的に出された配転命令は無効とされます。また、勤務地が労働契約で定まっていない場合の配転命令は、業務上の必要性や労働者の不利益を考慮した上で有効性が判断されます。

職種の限定

職種については、採用時の労働契約・労働協約および就業規則などによって、あるいは、労働契約の締結の過程で職種を限定する合意が認められれば、原則として他の職種への配転には労働者の承諾が必要となります。たとえば、医師、弁護士、公認会計士、看護師、ボイラー技師などの特殊な技術・技能・資格をもつ者の場合、採用時の労働契約で職種の限定があると見るのが通常です。

このような場合、労働者の合意を得ずに出された一般事務のような他の職種への配転命令は無効とされます。また、厳密な職種の概念が定義されていない職場でも、職種の範囲を事務職系の範囲内に限定して採用した場合は、職種のまったく異なる現場や営業職への配転は同様に解釈することができます。実際の裁判例では、語学を必要とする社長秘書業務から警備業務へ職種を変更する配転命令を無効としたケースがあります。その一方で、昨今のように不況の時期には、整理解雇（経営不振による合理化など経営上の理由に伴う人員整理のこと）を防止するために新規事業を設立して異動させることもあります。単に同一の職種に長年継続して従事してきただけでは、職種限定の合意があったとは認められにくいといえます。

■ 配置転換の目的

目的

- ① 社員のやる気と会社の生産性の向上を図る（適材適所）
- ② 部署による労働力の過不足を調整する
- ③ 職務能力を開発、育成する
- ④ 新事業へ必要な人材を配置する
- ⑤ 人事を活性化させる

12 出向制度を活用する

出向命令を下すためには労働者の同意が必要

出向先で再雇用させることもある

労働者に他の企業で働いてもらうことを出向といいます。雇用延長制度を導入する際に出向制度を活用することも可能です。

企業側が労働者に対して命じることで出向が行われます。出向にはいくつか種類があります。また、企業による出向命令は原則として有効になりますが、無効となってしまうケースもあります。出向について就業規則に定めておく必要性もあります。

出向とは

一言で出向といっても、そのタイプは2つあります。ひとつは、労働者が雇用先企業に身分（籍）を残したまま一定期間、他の企業で勤務するもので在籍出向といいます。単に出向といった場合は、この在籍出向を指すことが多いといえます。在籍出向では、通常、出向期間終了後は出向元へ戻ることになります。もうひとつは、雇用先企業から他の企業に完全に籍を移して勤務するもので移籍出向または転籍といわれます。

出向のタイプ・目的にはどんなものがあるのか

企業が労働者に出向を命じる目的にはさまざまなものがあります。

まずは、人材の援助を目的とした出向があります。これは、関係企業との連携を強化するための出向です。

人事教育を目的とした出向もあります。従業員は、出向先の企業で、一定のノウハウや技能を身につけることになります。

新しい事業を展開する目的で行われる出向もあります。複数の企業で新規のプロジェクトを推進する際には、従業員の出向による企業間の連携が不可欠となります。

新会社を設立する際に行う出向もあります。事業の一部を分離して新会社を設立した場合には、従業員には新会社で働いてもらうことになります。このように、出向にはさまざまな目的があります。

在籍出向命令の有効性

労働者にとっては、労働契約を締結しているのは雇用元、つまり出向元の企業ですので、労働契約の相手方ではない別の企業の指揮命令下で労働することは、労働契約の重要な要素の変更ということになります。そのため、出向命令を下すためには労働者の同意が必要とされています。

ただ、就業規則、労働協約に在籍出向についての具体的な規定（出向義務、出向先の範囲、出向中の労働条件、出向期間など）があり、それが労働者にあらかじめ周知されている場合は、包括的な同意があったものとされます。たとえば、就業規則に「労働者は、正当な理

■ 在籍出向のしくみ

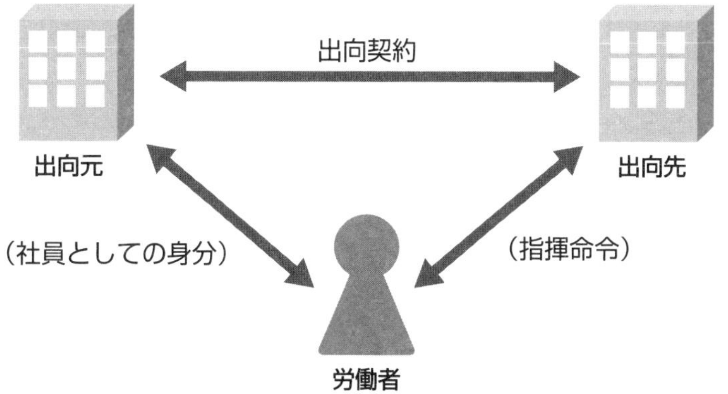

由なしに転勤、出向または職場の変更を拒んではならない」などの条項がある場合、これが出向命令の根拠規定となり、労働者に周知されていれば包括的な同意があったことになります。そのため、企業は出向について、労働者の個々の同意を得ることは必要ありません。ただし、実際の判例は、出向規定の整備、出向の必要性、労働条件の比較、職場慣行などを総合的に考慮して包括的な同意があったかどうかについて判断しています。

人事権の濫用に該当する出向命令は認められない

在籍出向について、労働者の包括的な同意があったとしても、無制限に出向命令が有効となるわけではありません。出向の命令が、その必要性や対象労働者の選定についての事情から判断して、権利を濫用したものと認められる場合には、その出向命令は無効となります(労働契約法14条)。結局、有効な出向命令として認められるためには、労働者の同意の存在と具体的出向命令が人事権の濫用にあたるような不当なものでないことが必要といえます。

転籍とはどのようなものか

「転籍」は、雇用先企業から他の企業に身分（籍）を移して勤務するもので移籍出向ともいわれます。タイプとしては、現在の労働契約を解約して新たな労働契約を締結するものと、労働契約上の使用者の地位を第三者に譲渡するもの（債権債務の包括的譲渡）があります。最近では、企業組織再編が頻繁に行われており、これに伴って、地位の譲渡による転籍も少なくありません。

長期出張、社外勤務、移籍、応援派遣、休職派遣、などと社内的には固有の名称を使用していても、「転籍」は、従来の雇用先企業との労働関係を終了させるものであり、この点が「在籍出向」と大きく異なります。

転籍では、労働契約の当事者は労働者本人と転籍先企業になります。したがって、労働時間・休日・休暇・賃金などの労働条件は当然に転籍先で新たに決定されることとなります。

転籍条項の有効性

こうしたことから、転籍を行う際には労働者の個別的な同意が必要と考えられています。就業規則や労働協約の転籍条項を根拠に包括的な同意があるとすることは認められていません。そのため、労働者が転籍命令を拒否した場合でも懲戒処分を行うことはできません。

ただし、転籍条項について、①労働者が具体的に熟知していること、②転籍によって労働条件が不利益にならないこと、③実質的には企業の他部門への配転と同様の事情があること、のすべての要件を満たせば、個別的同意がなくても転籍命令を有効とする判例も見られますが、極めて異例です。

なお、会社分割（組織再編手法のひとつで、会社の事業に関する権利義務の全部または一部を、新たに設立する会社または既存の会社に承継させること）が行われて事業が別の会社に承継された場合、労働契約承継法により、原則としてその事業に従事していた労働者は事業

■ 出向と転籍の違い

	出向（在籍出向）	転籍（移籍出向）
労働者の身分	出向元企業に残る（出向元との労働契約が継続する）	他の企業に移る（新たに他の企業と労働契約を結ぶ）
期間経過後の労働者の復帰	通常は出向元に戻る	出向元に戻ることは保障されていない
労働者の同意	必要	必要
同意の程度	緩やか（個別的な同意は不要）	厳格（個別的な同意が必要）

を承継した会社で引き続き雇用されることになります。しかし、その事業に従事していなかった労働者は、会社分割を理由として事業を承継した会社への配置転換（転籍など）を命じられたとしても、会社に対して「他の会社に承継される事業に関わっておらず転籍には応じられない」ということを申し出れば、元の会社に残ることができます。

出向制度における責任の分担や支払について

出向制度を利用した場合に、出向先と出向元で労働者の賃金をどのように負担するかについては、①出向先が負担する、②出向元が負担する、③出向先と出向元が分担して負担するといった３つの選択肢があります。通常は、②出向元が負担するというパターンが圧倒的に多いといえます。

また、就業規則については、労務提供を前提としない部分については出向元の就業規則が適用されます。たとえば、解雇・退職金・定年といった労働者の身分に関する事項について、出向元の就業規則が適用されます。逆に、労働時間や休暇といった労働条件に関する事柄については、出向先の企業の就業規則が適用されます。賃金・賞与・福利厚生といった事柄については、出向元の企業と出向先の企業両方の就業規則が適用されます。

労働者に対する具体的な指揮命令については、出向先の企業が行います。原則として、賃金については出向元の企業が、労働時間や休暇については出向先の企業が、労働者の安全や衛生面の管理については出向先の企業が責任を負うことになります。

13 パートタイム・有期雇用労働法について知っておこう

パートタイマー・有期雇用労働者のための法律がある

パートタイマーにも労働基準法などが適用される

パートタイマーも「労働者」であることに変わりないため、労働基準法の規定が適用されます。たとえば、所定の条件を満たすことで年次有給休暇の取得が可能であり（正社員よりも取得日数は少なくなる場合があります）、予告なく解雇された場合には解雇予告手当の請求もできます。ただし、パートタイマーは正社員に比べて労働時間が短いことが多いため、業務の内容が限定される他、昇進や昇給が限定的であるなど、正社員に比べて冷遇された労働条件下に置かれることがあります。これは、労働者側にも「正社員並みに時間を拘束されたくない」「責任の重い仕事にはつきたくない」といった事情があって、双方が納得の上で雇用契約を結ぶため、社会一般の常識の範囲内であれば、待遇の格差が問題とされることは少ないといえます。

そして、パートタイマーには、労働基準法や後述するパートタイム・有期雇用労働法の他、労働契約法、最低賃金法、労働安全衛生法、労災保険法、男女雇用機会均等法、育児・介護休業法など、労働者の待遇などについて定めたさまざまな法律が適用されます。

パートタイム・有期雇用労働法について

パートタイム・有期雇用労働法の正式名称は「短時間労働者及び有期雇用労働者の雇用管理の改善等に関する法律」です。この法律は、令和２年４月に施行されます（中小企業においては令和３年４月）。この法律では、短時間・有期雇用労働者について、適正な労働条件の確保、雇用管理の改善、通常の労働者への転換などに関することが定められています。最も重要な内容は、いわゆる「同一労働同一賃金」と呼ばれる正社員と非正規社員の間の不合理な待遇差などの禁止について定められている点です。

これまで、短時間労働者については、パートタイム労働法において「不合理な労働条件の禁止」や「差別的取扱いの禁止」が規定されていました。また、有期雇用労働者については、労働契約法20条において「不合理な労働条件の禁止」が規定されていました。

働き方改革関連法の公布に伴い、労働契約法20条をパートタイム労働法に統合し、新しく短時間・有期雇用労働者に対して「不合理な労働条件の禁止」や「差別的取扱いの禁止」を規定した法律が、パートタイム・有期雇用労働法になります。

そもそも、「不合理な労働条件の禁止」や「差別的な取扱いの禁止」とはどのような状態のことを指すのでしょうか。

まず、不合理な労働条件の禁止とは、①職務の内容（業務の種類とその業務に伴う責任の程度）、②職務の内容・配置の変更の範囲（人事異動のしくみなど）、③その他の事情などを考慮し、通常の労働者（正社員など）の待遇と短時間・有期雇用労働者の基本給や賞与などの待遇について不合理な相違を設けることを禁止しています（均衡待遇規定、８条）。たとえば、役職手当については、管理する部下の人数が異なっている場合、業務に伴う責任の程度が異なっていると判断できるため、その違いに応じて均衡の取れた役職手当を支給する必要があります。一方で、通勤手当については、通勤にかかった費用を補填するという意味合いがあるため①～③の要素との関連は薄く、通常の労働者のみに支給し、短時間・有期雇用労働者に支給しないケースでは、不合理と判断されます。

次に、差別的な取扱いの禁止とは、①職務の内容（業務の種類とその業務に伴う責任の程度）、②職務の内容・配置の変更の範囲（人事異動のしくみなど）が、通常の労働者と同一の短時間・有期雇用労働者との間で、基本給や賞与などの待遇について差別的取扱いを禁止しています（均等待遇規定、９条）。つまり、通常の労働者（正社員など）と短時間・有期雇用労働者において、①、②がすべて同じであれば賃金などの待遇について差を設けることは禁止されます（均等待遇）。また、①〜③に違いがあるのであれば、その違いを考慮して賃金などの待遇を決定しなければなりません（均衡待遇）。

③その他の事情は、「定年後に再雇用された者」である点も含まれています。そのため、最近の裁判例では定年後の基本給などの減額は不合理ではないと判断しています。一方で、精勤手当を正社員に支給して、有期雇用労働者に支給しないのは不合理と判断しています。判

■ 均等待遇と均衡待遇

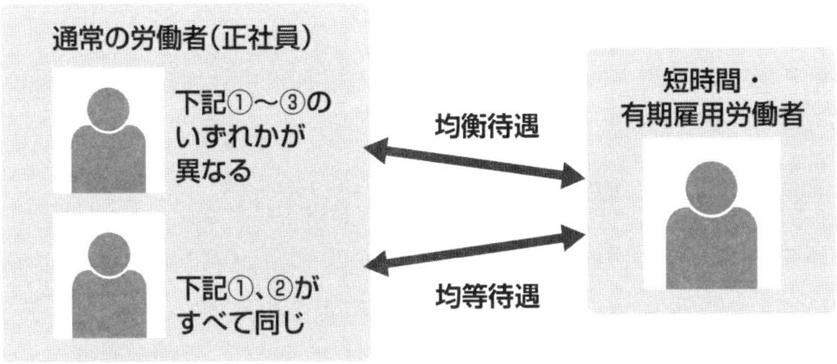

均衡待遇 … 違いに応じたバランスの取れた待遇とする
均等待遇 … 違いがないので同待遇とする

■ 判断要素

①職務の内容	業務の内容、当該業務に伴う責任の程度
②職務の内容・配置の変更の範囲	転勤、昇進といった人事異動、役割の変化など（将来の見込みも含む）
③その他の事情	合理的な労使の慣行、定年後に再雇用された者など

例では、総額で何割減らすことができるというような判断をしているわけではなく、諸手当などの賃金項目の趣旨を個別に考慮して、不合理であるか不合理でないかを判断しています。

待遇差を説明する義務もある

パートタイム・有期雇用労働法では、短時間労働者や有期雇用労働者が、通常の労働者との間の待遇差の内容やその理由について説明を求めた場合には、事業主はそれらに応じる必要があります（14条）。ただし、「あなたはパートタイム労働者だから、時給○○円です」というような説明では義務を果たしたとはいえません。上記で記載した①職務の内容、②職務の内容・配置の変更の範囲、③その他の事情などの要素の違いを文書などにまとめて口頭で説明するとよいでしょう。

他方で、法律は、待遇差の内容や理由を説明することを求めているだけで、労働者が納得するまで説明することを求めているわけではありません。

同一労働同一賃金ガイドラインについて

「不合理な労働条件の禁止」や「差別的取扱いの禁止」については、どういった待遇差が不合理なのかどうか判断が難しいといえます。そのため、同一労働同一賃金ガイドライン（短時間・有期雇用労働者及び派遣労働者に対する不合理な待遇の禁止等に関する指針）が厚生労働省により定められています。このガイドラインでは、基本給、賞与、手当、福利厚生などについて、待遇の相違が不合理と認められるかどうかについての原則となる考え方や問題となる具体例などが示されています。

しかし、正社員とパートタイム労働者の基本給の決まり方は企業によってさまざまな要素があり、ガイドラインで示されているような単純ではないなど問題もあるようです。

14 パートタイム労働者の取扱いについて知っておこう

通常の労働者との均衡を考慮して待遇を決める

パートタイム労働者を雇用するとき

パートタイム労働者として60歳以上の労働者を雇用するときも、雇用の基本的なルールは守らなければなりません。

基本的には、労働時間や賃金、仕事内容などについて、応募する人が思い違いをしないよう、できるだけわかりやすく条件を示すことが求められます。

また、男女雇用機会均等法では「労働者の募集および採用について、その性別に関わりなく均等な機会を与えなければならない」（５条）と定めています。このため、「男性のみ採用」「看護婦募集」などのように、どちらかの性別のみを募集する広告は、原則としてできません。

なお、高年齢者雇用安定法には「事業主は、労働者の募集および採用をする場合において、やむを得ない理由により一定の年齢（65歳以下に限る）を下回ることを条件とするときは、求職者に対し、厚生労働省令で定める方法により、当該理由を示さなければならない」（20条の１）などの規定があります。長期勤続によるキャリア形成を図るなど、雇用対策法施行規則で定められた合理的な理由があると認められなければ、年齢制限は認められないということは知っておく必要があるでしょう。

差別的取扱いは禁止される

企業が、性別を理由として労働条件に差をつけることは禁止されています。たとえば、労働契約を更新する際に、男性従業員のみの労働契約を更新し、女性との間の労働契約を更新しないことは、不当に男女差別を行っていることになるので禁止されています。もちろん、職務遂行能力など性別とは異なる事情で労働契約の更新の有無を決めることは問題はありません。しかし、女性であるという理由だけで労働契約の更新の有無を決めることは、不当な男女差別となってしまうので、避ける必要があります。

また、再雇用者をパートタイム労働者として登用するにあたり、女性のみ登用の際の条件を厳しくすることも禁止されています。具体的には、「女性はとくに人事考課が良好でなければ登用しない」といった条件を定めることなどが考えられますが、このようにとくに女性に不利な条件を登用の条件とすることはできません。

どんなことに注意してパートタイマーを管理するのか

パートタイマーを雇う場合には、パートタイマーの労働条件に対応した就業規則を定めることが必要です。正社員とパートタイマーとは異なる労働条件で働いているので、正社員とは別にパートタイマーに対応した就業規則を定める必要があります。

また、パートタイマーだからと言って、企業側がいつでも自由に解雇できるわけではありません。正当な理由がなければ、契約期間中にパートタイマーを解雇することはできません。パートタイム労働者を契約期間中に解雇する場合には、解雇の１か月前にその旨を予告するか、解雇予告手当として賃金１か月分に相当する金銭を解雇される者に支払う必要があります。

パートタイマーは、契約期間が終了すれば、その時点で自動的に退職することになります。ただし、雇用契約の更新を繰り返していた場合に、突如として会社側から雇用契約の更新を拒絶してしまうと、実質的に解雇であるとみなされ、解雇が制限されてしまう可能性があります。

ただし、会社が経営不振に陥ったような場合に、正社員ではなくパートタイマーから先に解雇していくことはある程度認められています。

正社員との均等待遇に注意する

定年を迎えた労働者をパートタイム労働者として継続雇用する場合に注意しなければならないのが、理由もないのにパートタイマーと正社員との待遇に差を設けることは禁止されているという点です（パートタイム・有期雇用労働法８条）。

職務内容や責任の程度が正社員と同等であり、労働契約が期間の定めのないものか有期の契約の更新を繰り返しており、正社員と同じ形での人事異動が見込まれるパートタイマーについては、正社員と同じような扱いをすることが必要になります。正社員と同じような扱いが必要になるのは、賃金、教育訓練、昇進、福利厚生などすべての分野にわたります。

ただし、正社員と同じ待遇（均等待遇）とする必要があるパートタイマーは、前述の条件があてはまるパートタイマーに限られ、実質的に判断して正社員よりも労働時間・勤務日数が少ないパートタイム労働者についてまで正社員との均等待遇が要求されているわけではありません。一方で、均衡待遇が求められる可能性があります。

パートタイム労働者として再雇用する場合には、労働者の勤務形態を考慮し、トラブルにならないような制度を導入する必要があるでしょう。

パートタイム労働者用の就業規則を作る

就業規則は、その事業所の使用者と労働者が互いに遵守すべき規則です。就業規則は事業所に勤務するすべての労働者が対象ですが、正社員とパート・アルバイトのように雇用形態によって勤務時間や休暇、賃金などの条件が大きく異なる場合、一つの就業規則のもとで働かせることは困難です。そのような場合は、たとえば正社員用と非正社員用などというように複数の就業規則を作る必要が出てきます。

パートタイム労働者を解雇するとき

有期契約は期間中の雇用を保証することを前提とした契約であり、原則として期間中に契約を解除することはできません。

労働契約法17条でも「使用者は、期間の定めのある労働契約について、やむを得ない事由がある場合でなければ、その契約期間が満了するまでの間において、労働者を解雇することができない」と規定されています。使用者側のやむを得ない事由で有期契約を期間中に解除することになった場合、この契約の解除は労働基準法の解雇と判断されます。したがって、使用者が有期契約の途中解除を行う際には、労働基準法20条の規定により、少なくとも30日前の予告、予告をしない場合は30日分以上の平均賃金（解雇予告手当や休業手当、年次有給休暇中の賃金などを計算する際に、その算定の基礎として使われる労働者の通常の１生活日あたりの賃金額のこと）の支払いが必要になります。

■ パート用就業規則作成上のポイント

賃金	賃金は時給が多い
休憩	所定労働時間によって異なる
昇進	正社員と異なり、異動の記載は必要ないが、昇進に関しては、パート独自の規定を設けることもできる
契約期間	契約の更新の際に問題が起きやすいので、契約期間および満了後の更新の有無について明確にしておくこと
年次有給休暇	勤務日数、所定労働時間によって与える日数が異なる
福利厚生	対象者が正社員だけなのか、それともパートを含めるのならどこまで対象者を広げるのかを明確にしておくこと
懲戒、制裁	正社員に準ずる（やや軽くする）

15 契約社員とはどんな存在なのか

契約社員の決まった定義はない

契約社員はどんな雇用形態で働く人なのか

60歳定年を定めている会社では、60歳を過ぎた労働者を契約社員として再雇用することもあります。

契約社員の定義については、法律などで「契約社員」についての定義がなされているわけではありません。ただ、一般的には、システムエンジニアや通訳など、特別な技術を持った人と、ある一定の期間を定めて契約をし、働いてもらうといった場合に「契約社員」という呼称を使うことが多いようです。おおまかにいうと「短期間」「業務内容の特化」といった点で正社員との違いがあるといえます。

定年年齢を過ぎた労働者については嘱託社員や再雇用社員として継続雇用する手法が考えられますが、とくに専門的な能力をもっている社員については、通常の嘱託社員とは異なる契約社員として雇用することも可能です。

在宅勤務の契約社員にも労働基準法の適用がある

在宅での仕事で最近とくに増加しているのがパソコンを使った仕事です。インターネットのホームページを企画・制作するウェブクリエーターやプログラマーなどが自宅で作業したり、小さな事務所を借りてSOHOという形で働いたりするということも増えてきています。

企業がこれらの在宅勤務者と契約を結んで仕事をしてもらうことも増えていますが、このとき締結した契約の内容や、実際の働き方などによっては、「使用者と労働者」という使用従属関係があると判断され、労働基準法が適用されることもあります。

たとえば、企業と在宅勤務者が何らかの仕事を完成させることを目的として契約する「請負契約」や、労働力提供や技術指導など一定の行為を行うことを目的として契約する「準委任契約」を締結している場合、原則として両者の間に雇用関係はなく、在宅勤務者は労働基準法の「労働者」とはなりません。しかし、名目上「請負契約」「準委任契約」という契約を締結していたとしても、実際の労働状況に使用従属関係が認められるのであれば、労働基準法が適用されます。

使用従属関係があるかどうかを判断する、または判断を補強する基準としては、次のようなものがあります（昭和60年労働基準法研究会第１部会報告より）。

① 仕事の依頼、業務従事の指示に対する諾否の自由の有無

「使用者」からの仕事の依頼や、業務についての指示などがあった場合に、断る自由があるかどうか。

② 業務遂行上の指揮監督の有無

業務の内容および遂行方法について「使用者」の具体的な指揮命令を受けているかどうか。使用者の命令や依頼で、通常予定されている以外の業務に従事することがあるかどうか。

③ 拘束性の有無

勤務場所および勤務時間が指定され、管理されているかどうか。

④ 代替性の有無

本人に代わって他の者が労務を提供することや、本人の判断で補助者を使用することが可能かどうか。

⑤ 報酬が労務の対価とされているかどうか

報酬が「使用者」の指揮監督下での労働の対価として支払われたものであるかどうか。

ただし、これらの基準のうち、１つに該当するからといってただちに使用従属関係が認められるわけではなく、実際の業務の流れなどを考慮しながら、総合的に判断することが必要とされていますので、注意が必要です。

契約を締結する際の注意点は何か

どんな目的で契約社員を雇うかにもよりますが、契約の際には次のような内容について明確にしておくことが必要になります。

①　雇用の目的・目標と求める成果

契約社員を雇用する場合、企業側は何らかの特化された目的を持っていることも多いでしょう。たとえば経理や営業の即戦力が欲しいとか、システム開発の優秀な技術者を確保したいといった場合です。この場合、契約の時点であらかじめその目的や目標を明確にし、労使双方で共通の認識を持っておく必要があります。

②　仕事内容と権限

明確な目標を設定して契約する場合は、その目標を達成するために必要な業務と、それに付随する業務が仕事内容になるということがお互いにわかっているはずです。しかし、たとえば何らかの有資格者という形で募集した場合、仕事内容がはっきりしないこともあります。

契約時にあらかじめ仕事内容を明確にしておくと、トラブル防止につながります。また、どちらの場合でも、契約社員にどこまでの権限を与えるかを確認し合うことは、非常に重要な作業となります。

③　報酬

契約社員がどのような立場にあるかによって、報酬形態は大きく異なります。高度な技術や社員を統率するリーダーとしての能力を求めて雇用する場合などには、年俸制をとることもあります。短期・短時間の雇用であれば時給制となることが多いでしょう。

④　就業場所

就業の場所は労働者にとって重要な要素です。とくに契約社員の場合、採用した事業所だけでなく、事業所の取引先や出先機関、契約社員自身の自宅や事務所で就業することもあるでしょうから、交通費の支給なども含めてあらかじめ決定しておく必要があります。

⑤　就業時間と休暇

出社時刻や退社時刻、休憩、休暇などについては、業務の目的や就業場所といった条件によって異なってきます。そこで、正社員の就業規則にはよらず、契約社員ごとに話し合って決めたり、同条件の契約社員用に別の就業規則を作ったりするなどによって対応します。

⑥　契約期間の有無

たとえば、１つのプロジェクトを完成させることを目的として契約社員を雇用する場合、契約期間を決めておく方が都合がよいこともあります。期間を定めた雇用契約の場合、労働基準法で上限が定められています（原則３年、満60歳以上の労働者と労働契約を結ぶ場合は５年）ので、その点に留意しながら契約します。

⑦　その他

この他、契約満了についての事項や守秘義務についての事項、災害補償、福利厚生、安全衛生などの事項について契約時に定めておくと、後のトラブル防止にも役立ちます。

■ 契約社員と契約を結ぶ際の注意点

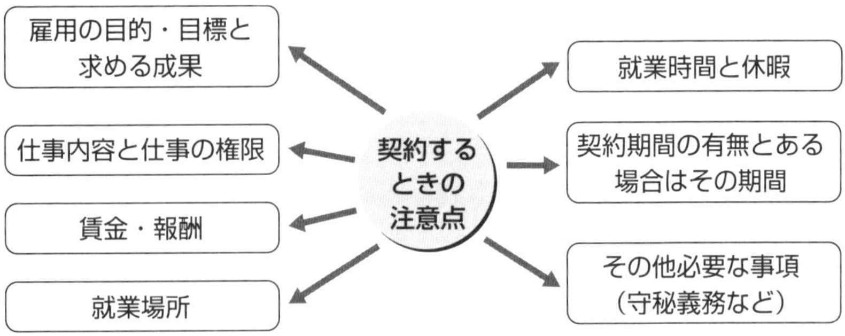

16 契約社員の賃金はどのように定めるのか

職種や責任に応じて臨機応変に対応する

契約社員の賃金はどうなっている

契約社員の報酬・賃金の計算方法については、雇用形態や業務内容が各社の事情によって異なるのと同様にさまざまです。一般的なものとしては、時給制・日給制・月給制・日給月給制・年俸制、出来高払制といったところでしょう。これらの中から、業務内容、就業の形態、使用者・契約社員本人の意向などを反映させて選択していけばよいわけです。

たとえば、スーパーのレジや会社の受付のように、一定の時間就業する仕事のような場合は、時給制や日給制が適当でしょう。一方、在宅でCADやCGを使った仕事をしている場合は作成段階ごとに金額を定める出来高払制といった形になることが多いといえます。ただ、在宅勤務者で出来高払制にするような業務内容であっても、会社との連絡を密にとる必要があるなどの事情があれば、仕事開始時と終了時を会社に報告させて、時給制にするなど臨機応変に対応することもできます。

また、仕事に対する対価以外の諸手当（家族手当、役職手当、調整手当など）や賞与、退職金などについてはどうでしょうか。これらについては、「支給しなければならない」といった法的義務はありません。ただ、正社員とのバランスや業務の専門性、責任の度合いなどによっては、同一賃金同一労働制度の考え方に沿って、支給することも１つの方法です。

時間外労働や割増賃金は支給しなければならない

「時間外労働」とは、労働基準法32条に定められている「１週間に40時間以内、１日に８時間以内（休憩時間を除く）」という労働時間を超えてする労働のことを指します。雇用形態が契約社員であっても、労働基準法の労働者の定義にあてはまるのであれば、この規定が適用され、必要に応じて割増賃金を支払わなければなりません。

割増賃金は「通常の労働時間または労働日の賃金の計算額の２割５分以上５割以下の範囲内でそれぞれ政令で定める率以上の率で計算した割増賃金を支払わなければならない」と定められています。

たとえば、時給制や日給制で契約をしているのであれば、その金額に1.25を掛けるという方法で計算すればよいわけです。月給制の場合は、月給を労働日数および時間で割って時間単価が計算できるので、割増賃金を算出するのも比較的簡単です。

割増賃金の算出方法について少し面倒なのが年俸制です。年俸制の契約をするような契約社員は通常、特殊な技術や資格を持つ人が多いようですが、その分仕事内容も複雑で勤務が長時間に及ぶことも少なくありません。

会社にしてみれば「それも含めて高い金額で契約しているんだ」と考えるかもしれませんが、契約社員が労働基準法の労働者にあたる場合、時間外労働の規定について適用を受けますので、実態に応じて割増賃金を支給しなければなりません。

トラブルを避けるためには、時間外労働の賃金について、契約書に明記する必要があります。年間・月間などで所定労働時間の上限を定めて、これを超える場合は割増賃金を支払うとか、あらかじめ年間何時間かの時間外労働の賃金を上乗せして年俸として設定し、その時間を超えて労働した場合は、別途実時間数の割増賃金を支払うなどの方法で対応するとよいでしょう。

17 高年齢者雇用に労働者派遣を活用することもできる

特定の企業のみに派遣することも可能になる

派遣労働者、派遣元、派遣先の三面関係となる

正社員として働く場合は、労働者と雇用主である会社の間で直接雇用契約が結ばれます。

これに対して、派遣社員（派遣労働者）として働く場合、労働者と雇用主だけではなく、派遣社員と派遣元企業、派遣先企業が関わります。このような雇用形態を労働者派遣といいます。労働者派遣は、労働者と雇用主の一対一の関係と異なり、労働者である派遣社員を雇用している派遣元企業と、派遣社員が実際に派遣されて働く現場となる派遣先企業の三者が関わる雇用形態です。労働者派遣は三者が関わるため、正社員などの直接雇用と比べると少し複雑な雇用関係となります。

正社員の場合には、正社員である労働者が労働力を提供し、労働力に対する対価である賃金を雇用主が支払う労働契約（雇用契約）を結びます。派遣社員の場合には、派遣元企業と派遣社員の間で雇用契約が交わされますが、派遣社員が労働力を提供する相手は派遣先企業になります。派遣先企業は、派遣社員に対して業務に関連した指揮や命令を出します。派遣社員に対する賃金は派遣元企業が支払います。

なお、派遣元企業と派遣先企業の間では、派遣元企業が派遣先企業に対して労働者を派遣することを約した労働者派遣契約が結ばれます。

再雇用派遣社員制度のメリットとは

再雇用派遣社員制度とは、親会社を退職した従業員を子会社で派遣労働者として雇い入れ、そこから親会社などに労働者を派遣していくという制度です。

子会社で雇い入れる形態は、労働者が常時雇用されていれば、どのような雇用形態であっても高年齢者雇用安定法には違反しません。高年齢者を親会社が直接に雇用するよりも、子会社に雇用してもらい必要に応じて労働者を派遣してもらうことができれば、親会社の労務管理上のコストを削減することができます。

特定の企業への労働者派遣が認められるケースもある

特定の企業のみに労働者を派遣する一般労働者派遣事業（いわゆる専ら派遣）は原則として認められていません。このようなことを認めてしまうと、特定の企業は自社で雇用するよりも派遣を利用することで人件費コストを圧縮することができます。そのコスト圧縮分が派遣労働者の賃金の減額となってしまい、派遣労働者にとって不利なためです。そのため、原則として、派遣元の事業主のグループ企業に派遣する労働者の労働時間は、全体の労働時間の８割に抑える必要があります。

ただし、専ら派遣の例外として、派遣元事業主が雇用する派遣労働者のうち３割以上の者が、他の会社を60歳以上の定年を迎えたために退職した者である場合には、特定の会社のみに労働者を派遣することが許されます（労働者派遣法施行規則１条の３）。

つまり、親会社を定年退職した者を子会社で派遣社員として受け入れており、その数が全体の派遣社員の３割を超えている場合には、親会社に対してのみ労働者を派遣することが許されます。

18 高年齢者の安全と健康確保のためのガイドラインについて知っておこう

事業者が求められる取組みなどを記載している

なぜ制定されたのか

労働災害による休業４日以上の死傷者数のうち、60歳以上の労働者の占める割合は増加傾向にあります。また、今後、努力義務となる70歳までの就業確保措置によって高年齢労働者の数はますます増えてくると考えられます。

このようなことから、令和２年３月16日に「高年齢労働者の安全と健康確保のためのガイドライン（エイジフレンドリーガイドライン）」が公表されました。このガイドラインは、事業者に求められる取組み（５項目）、労働者に求められる取組み、国・関係団体などによる支援の活用に分けられます。高年齢労働者の労務管理に加えて、労働安全衛生関係や労働災害防止対策として必要性が高まる分野ですので、知っておく必要があるでしょう。

事業者が求められる取組みとは

事業者は、高年齢労働者の就労状況や業務内容の実情を把握して、実施可能範囲で労働災害防止対策に取り組むように努めなければなりません。事業者が求められる取組みには５項目があります。

①　安全衛生管理体制の確立等

経営者自らが安全衛生方針を表明し、担当者や担当部署などを決定します。会社ごとに発生しやすい労働災害のリスクアセスメントも実施します。

②　職場環境の改善

リスクアセスメントの結果を基に、ハード面・ソフト面で職場環境の改善を行います。ハード面では照度の確保や段差の解消が挙げられます。ソフト面では作業手順・方法の工夫が考えられます。

③　高年齢労働者の健康や体力状況の把握

健康状態の把握は毎年の健康診断により把握します。体力状況については、企業独自のチェックリストの導入や厚生労働省が作成しているチェック票などを活用することができます。

④　高年齢労働者の健康や体力状況に応じた対応

高年齢労働者の健康や体力状況は個々の労働者によってさまざまであるといえます。そのため、個々の高年齢労働者の労働時間や作業内容に留意し、たとえば、労働時間の短縮や深夜業の回数の減少などを検討することも必要でしょう。

⑤　安全衛生教育

文字以外の写真や動画などを活用して安全衛生教育を実施することを記載しています。とくに、経験のない業務に従事する場合には十分な時間をかけて、より丁寧に実施する必要があります。

その他、労働者については、日頃の運動や生活習慣の改善に取り組み、健康や体力の維持管理に努めることが記載されています。

■ ガイドラインの概要

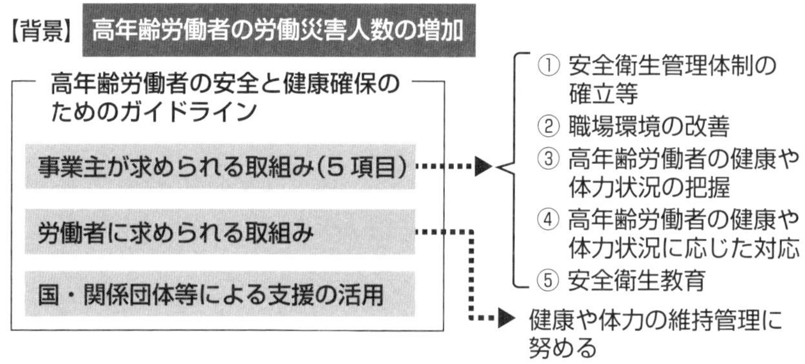

第4章

70歳までの就業確保措置

1 70歳までの高年齢者の就業確保について知っておこう

令和3年4月から70歳までの就業確保措置が努力義務となる

70歳までの高年齢者を雇用する環境はどうなっているのか

政府は令和元年6月21日に「成長戦略実行計画」を閣議決定しています。成長戦略実行計画の中では、全世代型社会保障の改革に向けた取組みとして「70歳までの就業機会確保」を挙げています。

70歳までの就業機会の確保は、60歳以上の高年齢者の意識と健康状態の変化が前提にあります。まず、60歳以上の人で70歳以降まで働くことを希望している高年齢者は8割いると言われています。さらに、高年齢者の体力・運動能力はこの10年程度で5歳若返っているという分析結果もあります。そのため、これまで定年と考えられていた60～65歳という年齢でも、意欲や能力が衰えず、まだまだ働くことができる高年齢者が増えてきたといえます。一方、高年齢者を雇用する企業の状況は、令和元年高年齢者の雇用状況の集計結果によると、65歳までの雇用確保措置（定年制の廃止、定年の引上げ、継続雇用制度の導入）を実施している企業が99.8％となっています。また、66歳以上働ける企業は30.8％、70歳以上働ける企業は28.9％と年々増加しています。雇用確保措置について、令和6年度末まで経過措置を実施している企業もありますが、法律で定めている雇用確保措置によって65歳まで雇用が維持される環境となってきました。

このように高年齢労働者や、雇用する企業の両方において、70歳まで就業機会を確保できる環境が整ってきたといえます。また、少子高齢化は年金や税金を納める生産年齢人口の減少と年金が支給される高齢者世代の増加を意味し、社会保険財政を悪化させる要因ともなっています。そのため、70歳まで働ける環境は、社会保険財政の健全化の観点からも非常に大切なことです。

雇用確保の義務内容の見直しが行われた

厚生労働省は、政府が決定した「成長戦略実行計画」をより具体的にするための検討会議を立ち上げ、「高年齢者の雇用・就業機会の確保及び中途採用に関する情報公表について」を策定しています。この中で、高年齢者の雇用・就業機会の確保について下記の点を挙げています。

① 65歳までの希望者全員の雇用確保措置（高年齢者雇用確保措置）の取組みの継続

② 70歳まで就業機会が確保できるための法整備（高年齢者就業確保措置）及び指針の策定

③ 高年齢者就業確保措置の実施に関する指導及び助言、計画の作成及び提出

④ 70歳までの措置に関する実施状況の報告事項の追加

■ 70歳までの就業確保措置の背景

「成長戦略実行計画」（政府）

・全世代型社会保障の改革に向けた取組みとして「70歳までの就業機会確保」が挙げられた。

↓

「高年齢者の雇用・就業機会の確保及び中途採用に関する情報公表について」（厚生労働省）

・65歳までの雇用確保措置の取組みの継続
・70歳までの就業確保措置の法整備及び指針の策定等が挙げられた。

↓

65歳から70歳までの高年齢者就業確保措置の創設（令和３年４月施行）

・何らかの形態で70歳までの就業を支援する義務が課される
・企業の努力義務となる

これらの検討会の意見をふまえ、70歳までの高年齢者の就業確保措置を実施することを企業の努力義務とした法改正が、令和2年3月31日に成立し、令和3年4月に施行される予定となっています。

改正によるメリット

高年齢者が70歳まで何らかの形で就業ができることは、ある程度の所得が補償されるとともに、定年後の不安が払拭され、労働意欲の向上が期待できます。また、定年後においても仕事をしていることは社会とのつながりの維持、生きがい・やりがいなど心身にとっても良い面があります。70歳までの就業確保措置は、65歳までの雇用確保措置とは異なり、フリーランスや社会貢献活動への従事など雇用関係に捉われない働き方も含まれます。そのため、これまでの知識や経験を活かし仕事の幅を広げたり、自らの裁量の下で仕事を決めるなどより柔軟な働き方を実現することもできます。

企業にとっても、優秀な人材を確保でき、指導者として雇用契約や委託契約を結ぶことで、ノウハウなどの喪失リスクを低減することが可能です。また、人手不足を補うために高年齢者を積極的に活用することもできます。

改正によるデメリット

70歳までの就業機会の確保は良い面ばかりではありません。高年齢者では健康に不安を持っている人も多く、一律に70歳まで健康で働き続けることができるとは限りません。そのため、70歳まで働くことができない場合を考慮して、年金などで生活を維持できるような社会保障制度があるべきです。

企業にとっても、健康と安全に気を配る必要があります。高齢になるほど体力・注意力の衰えから、生産性の低下、労災事故が発生する可能性もあります。そのため、事故防止に向けた設備の導入、作業環境の変更などコストがかかる対策を講じる必要性も考えなければなりません。

70歳以上の就業機会の確保は、労働者の高齢化を助長します。定年退職で不足した人材を新卒、中途採用するなどの人材流動化が期待できず、人材を選ぶ範囲が狭まることで企業組織の硬直化も考えられます。また、就業確保によって必要以上に人員が増えすぎると人件費の上昇が考えられるため、制度導入時には最も注意する必要があるでしょう。

フリーランスなどとして就業を継続する場合には、これまでの雇用契約と異なることから、手続き面や仕事の依頼について煩雑さが増す可能性もあり、企業にとっては負担になることが考えられます。

高年齢者の就業確保措置とは

70歳までの高年齢者就業確保措置は、65歳までの高年齢者雇用確保措置で定められている定年の引上げ、定年制の廃止、継続雇用制度の導入以外にいくつかの措置を企業の努力義務としています。これは、70歳までの就業についてそれぞれの高年齢者の考え方や健康状態によって一律に雇用するという形が必ずしも最適ではなく、さまざまな選択肢がある方がよいという考えによるものです。

■ 70歳までの就業できるメリット・デメリット……………………

メリット	デメリット
・所得の補償ができ、労働意欲の向上 ・社会とのつながり、やりがいなどの獲得 ・柔軟な働き方の実現 ・優秀な人材の確保 ・人手不足の解消	・健康面により一律70歳まで働くことが困難 ・健康や安全への配慮 ・労働者の高齢化、企業組織の硬直化 ・人件費の増加 ・委託契約の手続き、仕事の依頼など業務の増加

令和３年４月以降は、65歳以上の高年齢者に対して70歳まで就業を可能とする下記のような措置を実施しなければなりません。ただし、原則として①～③のうちのいずれかの措置を実施することが必要であり、例外的に、労働者の過半数代表者との同意によって、④、⑤のような創業支援措置を実施することができるとなっている点に留意しておきましょう。また、これらの複数の措置を組み合わせて実施することも可能です。

①　定年の引上げ

既存の65歳までの雇用確保措置で定年を引き上げる場合には、定年年齢を65歳とすることが必要です。70歳までの就業確保措置においても同様に、定年年齢を70歳とすることが求められます。

②　定年制の廃止

定年の定めを廃止します。そのため、年齢を理由に退職させることはできないため、退職や解雇基準を作成することが必要になります。

③　継続雇用制度の導入

65歳までの雇用確保措置と同様に、勤務延長や再雇用制度を導入して70歳まで就業を確保する方法です。ただし、70歳までの就業確保措置の場合には希望者全員を対象とせず、対象者を限定することができます。また、65歳以降も特殊関係事業主（38ページ）で雇用することも可能です。60歳で定年し、特殊関係事業主で65歳まで再雇用された高年齢者の就業確保措置については60歳まで雇用していた事業主が責務を負うとされています。

④　継続的に業務委託契約を締結する制度

企業は雇用契約という形ではなく、高年齢者が希望すれば委託契約などを締結して70歳までの就業を確保することもできます。ただし、委託契約については金銭を支払うものに限定されています。また、このような事業を開始する高年齢者は、創業高年齢者と呼ばれます。

⑤　社会貢献活動に継続的に従事できる制度

高年齢者が社会貢献活動などでの就業を希望する場合には、それらの事業に従事させることで、70歳までの就業確保措置を実施することができます。従事させる事業には、「事業主が実施する社会貢献活動」「事業主から委託を受けた団体が実施する社会貢献活動」「事業主から必要な資金や援助を受けている団体が実施する社会貢献活動」、があります。いずれの社会貢献活動においても、不特定多数を対象としており、その多数の者の利益の増進に寄与することを目的とする事業でなければなりません。

また、団体と高年齢者との契約は、労働契約を除く委託契約やその他の契約が考えられており、金銭を支払うものに限られています。

就業確保措置以外の法改正はどんなものがあるか

70歳までの就業確保措置が新たに施行されるのに合わせ、行政が行うべきことも定められました。たとえば、行政（厚生労働大臣）は就業確保措置の実施に向けて、企業に必要な指導や助言をすることができます。また、指導や助言に従わない場合には、「高年齢者就業確保措置の実施に関する計画」の作成を勧告することもできます。

また、これまで65歳までの高年齢者に対して実施が義務づけられていた「多数離職の届出（14ページ）」や「再就職援助措置（13ページ）」についても、70歳まで就業の確保をする努力義務を負うことから70歳まで引き上げることが決定しています。ただし、この義務はこれまで通り努力義務とされています。

厚生労働大臣への報告事項など

65歳までの雇用確保措置について、事業主は高年齢者雇用状況報告書により、毎年６月１日現在の高年齢者雇用状況を７月15日までに公共職業安定所に提出する義務があります。同様に、70歳までの就業確保措置についても、国が制度の実施状況などを把握し、着実な運用ができるように報告義務が課されます。具体的には、これまで使用されていた高年齢者雇用状況報告書の様式の変更が考えられています。

就業確保措置の指針が策定される

法改正で行われた内容について、より具体的な高年齢者の就業確保措置の実施・運用などは、指針を定めることになっています。指針では、70歳までの就業確保措置の中で定められている継続雇用制度の導入に関して、対象者を限定する場合の取扱いなどについて定められる予定です。

また、定年の引上げや定年制の廃止、継続雇用制度は、企業と労働契約を締結しており労働関係法令による規制があります。一方、創業支援措置（継続的に業務委託契約する制度、社会貢献活動に継続的に従事できる制度）については、労働契約によらない契約で労働関係法令による規制が及ばないというデメリットがあります。そのため、労使がどのような話し合いを行うべきかということに関して指針で取扱いが定められる予定になっています。

■ 具体的な就業確保措置の内容

1. 定年の引上げ	70歳まで定年年齢を引き上げる
2. 定年制の廃止	定年の定めの廃止
3. 継続雇用制度の導入	勤務延長、再雇用制度の導入 （対象者を限定することも可能）

（上記の他に、労働者の過半数代表者との同意によって次の創業支援措置を実施することもできる）

4. 継続的に業務委託契約を締結する制度	会社と委託契約などを締結して70歳までの就業を確保する
5. 社会貢献活動に継続的に従事できる制度	社会貢献活動を実施する団体などとの委託契約などにより70歳まで従事させる

② 高年齢雇用継続給付はどう変わるのか

令和7年4月から給付額の縮小が行われる

高年齢雇用継続給付はどのように見直されるのか

60歳で定年年齢を迎え、継続雇用制度により再雇用される場合には、賃金の見直しが行われるのが一般的です（再雇用制度にかかわらず60歳以降を境に賃金の減額がある場合も含みます)。見直し後の賃金額が、これまでの賃金額の75％に低下した場合には、雇用保険から高年齢雇用継続給付が支給されます（148ページ)。

高年齢雇用継続給付には、高年齢雇用継続基本給付金と高年齢再就職給付金があります。どちらも、受給要件や支給期間に違いがあるものの、60歳以後の各月の賃金額が60歳到達前の賃金額の61％未満となった場合には、各月の賃金額に「15％」を乗じた額が支給されます。また、賃金の低下率が61％以上75％未満の場合には「15％から一定割合で逓減する率」を乗じた額が支給されます。

そして、高年齢雇用継続給付の支給額の見直しが、令和７年４月から行われます。改正後の支給額は、60歳以後の各月の賃金額が60歳到達前の賃金額の64％未満となった場合、各月の賃金額に「10％」を乗じた額が支給されることになります。また、賃金の低下率が64％以上75％未満の場合には「10％から一定割合で逓減する率」を乗じた額が支給されます。賃金の低下率が61％未満から64％未満に、賃金額に掛ける率が15％から10％に、それぞれ変更されることになります。

改正の理由は、①65歳までの雇用確保措置の経過措置が令和７年３月31日に終了し、法律上すべての企業が、労働者を65歳まで雇用する環境が整ったこと、②同一労働同一賃金の推進によって、令和２年４月１日（中小企業においては令和３年４月１日）から、正規労働者と非正規労働者の賃金格差の是正が実施されたこと、によります。

つまり、今後は65歳までの雇用が確実となり、賃金額の減少幅も少なくなると考えられているからです。

70歳までの就業確保措置との関係

今回の高年齢雇用継続給付の法改正では、支給対象月まで変更があったわけではありません。つまり、高年齢雇用継続給付である高年齢雇用継続基本給付金と高年齢再就職給付金について、支給される年齢は、あくまで60歳から65歳未満であって、それぞれの給付金の支給要件に該当した者が対象となっていることに変わりはありません。

そのため、70歳までの就業確保措置の施行によって、たとえば、65歳で定年し再雇用によって賃金額が低下したとしても、雇用保険から高年齢雇用継続給付のような賃金補助が支給されるわけではありません。

■ 高年齢雇用継続給付の法改正

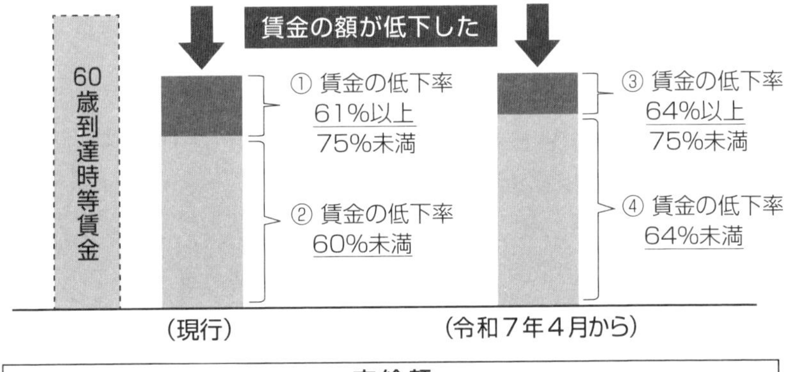

支給額			
①	各月の賃金額 ×15%から一定割合逓減する割合	③	各月の賃金額 ×10%から一定割合逓減する割合
②	各月の賃金額 ×15%	④	各月の賃金額 ×10%

3 年金の繰り下げ受給について知っておこう

年金の受給開始時期を60～75歳の間で選択が可能になった

なぜ改正されるのか

令和元年度は５年に１度の年金制度に関する財政検証を行う年でした。５年に１度、財政検証を行うことで公的年金の保険料と給付のバランスを検討し、公的年金が持続可能なものとなるようにしています。そして、財政検証結果をふまえ、より多くの人がより長く多様な形で働く社会へと変化する中で、長期化する高齢期の経済基盤の充実を図るために次のような法改正が行われました。たとえば、「短時間労働者に対する被用者保険の適用拡大（154ページ）」「在職中の年金受給の在り方の見直し（170ページ）」「受給開始時期の選択肢の拡大」「確定拠出年金の加入可能要件の見直し」などの法改正があります。

法改正の目的にあるように、「より多くの人がより長く多様な形で働く社会へと変化する」とは、70歳まで就業確保措置を含んでいると考えられます。このように、雇用と年金は密接に関連しており、70歳までの就業が確保されることに伴って、年金を受給する年齢の見直しも検討される必要があります。

「受給開始時期の選択肢の拡大」でどう変わるのか

現在では、公的年金の支給開始時期については生年月日によって特例がありますが（164ページ）、標準的には65歳になると公的年金を受給することができます。一方で、60歳以降の所得状況によっては、年金の受け取り時期を受給者が任意に選ぶこともできます。年金を早く受け取ることを「年金の繰り上げ受給」、年金を遅く受け取ることを「年金の繰り下げ受給」といいます。このように年金の繰り上げ、繰り下げ受給を行うことで、年金の受給開始時期を60～70歳の間で選択することができます。

今回の法改正によって、年金の受給開始時期を60～75歳の間で選択することが可能になります。年金の繰り下げ受給を行ったことによる増額率に変更はなく0.7％で、最大84％の増額が可能です。この法改正は、令和４年４月１日から施行されます。

公的年金以外の私的年金（確定拠出年金など）の加入可能要件や受給開始年齢の改正も行われます。具体的には、企業型確定拠出年金はこれまで65歳未満であれば加入することが可能で、60歳以降は60歳前と同一事業所で継続雇用される者のみが対象でした。この同一事業所の継続雇用要件が撤廃され、加入可能年齢が70歳未満まで引き上げられました（厚生年金被保険者のみ）。また、個人型確定拠出年金も、加入可能年齢が現行の60歳未満から65歳未満に引き上げられます（厚生年金被保険者、国民年金の任意加入者等）。さらに、企業型・個人型確定拠出年金の受給開始時期も、国民年金などの公的年金と同様に60～75歳の間で選択できるようになります。

■ 公的年金の受給開始時期の改正（令和4年4月1日施行）……

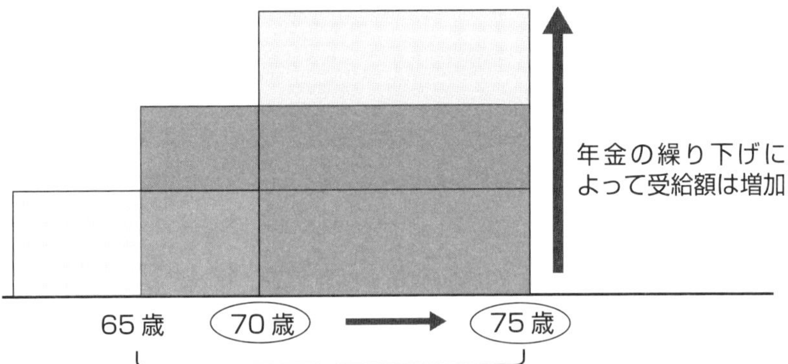

第5章

継続雇用に関わる書式と作成ポイント

1 再雇用制度・嘱託雇用を実施するための書式

必要な事項をきちんと定めておく

再雇用制度や嘱託とはどんな制度なのか

嘱託社員用の規程と契約書を作成するときのポイントを確認しておきましょう。

① **再雇用制度実施規程（次ページ）**

嘱託社員の取扱いについて定める社内規程です。

定年退職者を嘱託契約で雇用する場合、年齢的な面から見ても期間を定めて契約するのが通常です。契約は、半年または1年間の有期契約とし、満65歳までは本人と会社の状況を見て更新を繰り返すというのが一般的です。仕事内容については、いったん定年退職した場合、退職前の職務を引き続きこなさなければならないわけではありません。再雇用の際には、どのような仕事を行うかを規程で明確にしておきます。就業時間については、本人と相談の上、個別の契約で週休3日制にしたり、出勤・退勤時間をずらしたりするのがよいでしょう。

② **嘱託社員雇用契約書（122ページ）**

書式は、定年した従業員を嘱託として改めて再雇用する際に使用する嘱託社員雇用契約書です。嘱託社員であっても、原則として労働基準法の適用があるので、定める条項については通常の労働契約と大きな違いはありません。ただ、雇用形態がそれまでと大きく変わるので、勤務内容、報酬を含めた雇用条件に関しては明確にしておくべきです。

とくに、嘱託社員の賃金は、正社員と比べると格段に低くなることが多いため、嘱託社員がより条件のよい他社で働くことを望む可能性はあります。そのため、他の会社などに就職が決まった場合、速やかに解約できるように取り決めておくとよいでしょう。

書式　再雇用制度実施規程

再雇用制度実施規程

第１条（制度内容）　社員のうち、満60歳で定年退職し、かつ継続して勤務を希望した者は、特別従業員または嘱託として再雇用する。

第２条（身分）　本制度の適用を受ける者の身分は、特別従業員は役職に任じ、嘱託は原則として役職に任じることはしないが、何らかの理由により会社が必要と認めたときに役職を委嘱することがある。

第３条（雇用契約期間）　雇用期間は１年として、必要に応じて１年毎の更新とする。但し、満65歳を更新の上限とする。

第４条（職務）　再雇用後に社員が配置される職場や職務については、原則、定年前の職場及び職務とする。ただし、社員から意見聴取をした上で、さまざまな事情を勘案した上で決定することがある。

第５条（解雇条項）　雇用契約期間中でも、会社は就業規則の解雇の規定に該当する者を解雇し、雇用契約を解除することができるものとする。

第６条（解雇予告）　懲戒解雇になったときなどの解雇の予告が必要でない場合を除き、契約期間中に解雇するときは、30日前までに予告するか、または30日分の平均賃金を支払って、即時に契約を解除するものとする。

第７条（給与）　再雇用の期間中の給与は、次の定めによる。

①　基本給は定年退職時の60～80%の範囲内で支給する。

②　昇給は原則として行わない。但し、契約更新のときに諸般の実情を勘案して、見直しをすることがある。

第８条（退職金）　再雇用される社員の退職金は、満60歳の定年退職の時点で支給する。したがって、再雇用後に退職しても、退職金は支給しない。

第９条（就業時間）　再雇用を希望する社員から意見聴取をした上で決定する。

第10条（有給休暇）　再雇用社員の有給休暇は、定年退職のときの残日数を引継ぐものとする。

第11条（その他の労働条件）　その他の労働条件については、当社の就業規則を準用する。

附　　則

この規程は令和２年２月１日に制定し、同日実施する。

書式　嘱託社員雇用契約書

嘱託社員雇用契約書

○○株式会社（以下「甲」という）と○○（以下「乙」という）とは、次のとおり嘱託社員雇用契約（以下「本契約」という）を締結する。

第１条（契約の成立） 甲は乙に対し、嘱託社員として雇用することを約し、乙は甲に対し、甲の指揮命令に従い誠実に勤務することを約した。

第２条（契約期間） 本契約の期間は、令和○年○月○日から令和○年○月○日までの１年間とする。

２　本契約期間満了の日において、乙が引き続き勤務することを希望する場合は、契約は更新される。ただし、乙が満65歳に達した日の属する月の末日を越えて本契約の更新をすることはできない。

３　本契約期間中に、乙が他の会社等に就職することが決定した場合には、乙は速やかに甲に報告をしなければならず、その場合、乙が再就職する前日に本契約を解約することに甲乙合意する。

４　本契約期間中であっても、乙は、所定の申出書により１か月前に甲に申し出ることにより、自己の都合を理由に退職することを妨げられない。

第３条（勤務場所及び業務内容） 乙の勤務場所及び業務内容は、次のとおりとする。

①　勤務場所：甲の東京西部地区営業所（東京都○○市○○町○丁目○番）

②　業務内容：仕入管理、販売管理その他

２　業務の都合等により、本契約期間中であっても、前項に定める乙の勤務場所及び業務内容は変更されることがある。

第４条（就業時間及び休日） 乙の就業時間等及び休日は、次のとおりとする。

①　就業時間：午前９時から午後５時まで（内休憩時間１時間、実働７時間）

②　休　　日：土・日曜日、国民の祝日、国民の休日、年末年始（12月29日から１月３日まで）

第５条（基本条件）乙の嘱託給その他の基本条件は、次のとおりとする。

① 嘱託給　：月額金〇〇円

② 通勤手当：実費を全額支給する。

③ 賃金締切：毎月末日

④ 支払方法：翌月25日（金融機関が休日に当たるときはその前日の営業日）に、乙の指定する口座に現金で振り込み支払う。

⑤ 有給休暇：年20日

⑥ 昇　　給：なし

⑦ 賞　　与：支給しない。

⑧ 退職金　：支給しない。

第６条（時間外勤務及び休日勤務）　甲は乙に対して、原則として、時間外勤務及び休日勤務を命令しない。

２　前項に拘わらず、甲は乙に対し、業務の都合上をやむを得ない場合に限り、乙に対し時間外勤務及び休日勤務をさせることがある。その場合、甲は乙に対して、嘱託社員就業規則に従い時間外勤務手当又は休日勤務手当を支払う。

第７条（秘密保持）　乙は、本契約に基づき取得した甲の秘密については、本契約期間中はもとより、その終了後も、第三者に開示、漏洩してはならない。

第８条（損害賠償）　乙は、本契約期間中、故意又は重大な過失により、甲に対し損害を与えた場合は、賠償責任を負わなければならない。

第９条（就業規則）　乙は、本契約に従う他、甲の定める嘱託社員就業規則その他諸規程を遵守しなければならない。

本契約の成立を証するため、本書２通を作成し、甲乙記名押印の上、各１通を保有する。

令和〇年〇月〇日

（甲）東京都〇〇区××〇丁目〇番〇号

〇〇株式会社

代表取締役　〇〇〇〇　㊞

（乙）東京都〇〇区××〇丁目〇番〇号

〇〇〇〇　㊞

2 嘱託社員用の就業規則を作成する

高年齢者雇用のための規程を整備する必要がある

雇用契約期間や賃金の取扱いについて規定する

嘱託社員規程とは、嘱託社員の取扱いについて定めた社内規程です。高年齢者雇用安定法では、定年を65歳未満と定めている企業については、原則として、希望している労働者の全員に対して、①定年を65歳まで引き上げる、②65歳までの継続雇用制度を導入する、③定年制を廃止する、のいずれかの雇用確保措置を講じることが義務化されています。②の継続雇用制度とは、現に雇用している高年齢者が希望するときは、その高年齢者を定年後も引き続いて雇用する制度をいいます。この点について、労使協定で継続雇用する労働者を限定することは、認められていません。

ただし、平成25年３月末日までに労使協定が締結されていた場合に限りますが、特例として令和７年３月31日までは、継続雇用の対象になる労働者を限定することが認められています。この特例が適用される場合には、再雇用社員（嘱託社員）の就業規則にも、その点について記載することになります（嘱託社員規程、第４条参照)。

継続雇用制度のひとつとして考えられるのが再雇用制度です。再雇用制度とは、定年退職した労働者を再び雇用する制度です。そして、再雇用した労働者を「嘱託社員」と呼ぶことが多いようです。

今後は嘱託社員の増加が見込まれるため、「嘱託社員規程」などの嘱託社員用の就業規則も重要性が増すことが考えられます。嘱託社員用の就業規則には、正社員との違いを考慮した上で、契約期間、年次有給休暇、賃金などの取扱いを定めるとよいでしょう。

書式　嘱託社員規程

嘱託社員規程

第1章　総　則

第１条（目的）　この規程は、○○株式会社（以下、「会社」という）に勤務する嘱託社員の雇用およびその就業に関する取扱いを定めたものである。

２　この規則に定めのないことについては、労働基準法その他の法令および個別の嘱託雇用契約に定めるところによる。

第２条（嘱託の定義）　この規程で嘱託社員とは、定年退職後に継続雇用制度の対象者として再雇用された者をいう。

第３条（規則遵守義務）　嘱託社員はこの規程を遵守し、他の従業員と協調し、相協力して社業の発展に努めなければならない。

第2章　人　事

第４条（雇用基準）　会社は、高年齢者雇用安定法一部改正法附則第３項に基づき効力を有するとされる改正前の高年齢者雇用安定法第９条第２項に基づく労使協定の定めるところにより、次の各号に掲げる基準（以下「対象高齢者基準」という）のいずれにも該当する者について、65歳まで継続雇用する。

①　引き続き勤務することを希望している者

②　過去○年間において、○割以上出勤している者

③　心身の健康状態が業務遂行上、支障がないこと

２　前項の対象高齢者基準は、以下の左欄に掲げる区分に応じ、それぞれ右欄に掲げる年齢以上の者を対象に適用するものとする。

・平成25年４月１日から平成28年３月31日まで：61歳

・平成28年４月１日から平成31年３月31日まで：62歳

・平成31年４月１日から令和４年３月31日まで：63歳

・令和４年４月１日から令和７年３月31日まで：64歳

第５条（再雇用契約）　嘱託社員として継続雇用勤務を希望する者は、

定年退職日の２か月前までに、会社に申し出るものとする。

２　会社は、申出に基づく面接を行い、再雇用の際の就業条件を協議し、採用する場合には雇入通知書を交付する。

第６条（雇用期間）　嘱託社員の労働契約の期間（雇用期間）については、１年以内の雇用期間を定めることとする。

２　継続雇用の上限年齢は、満65歳とする。

３　前項の規定にかかわらず、次のいずれかに該当する場合は、契約期間の満了日をもって労働契約を終了することがある。

　①　業務を遂行する能力が十分ではないと認められるとき

　②　職務命令に対する違反行為を行ったとき

　③　無断欠勤をしたこと

　④　勤務成績が不良であること

　⑤　事業縮小が必要であるとき

４　第１項の規定にかかわらず、会社は、正社員の就業規則第○条に基づき懲戒事由に該当することを理由として、嘱託社員を解雇することがある。

５　会社は契約の更新をしない場合は、30日前までにその旨を本人に予告する。

６　前項の契約の更新をしない予告をした場合、本人が更新しない理由について証明書を請求したときは、会社は遅滞なく証明書を交付する。

７　契約の更新をしなかった場合も前項と同様に、本人の請求により更新しなかった理由について証明書を交付する。

第７条（勤務場所および職種）　嘱託社員は、原則として定年時の勤務場所および職種で勤務するものとする。

２　業務の必要性がある場合は、他の勤務場所および職種へ異動させることがある。この場合、当該嘱託社員は、正当な理由なく命令を拒否できない。

第８条（退職）　嘱託社員が次の各号のいずれかに該当するに至ったときは退職とする。

　①　嘱託雇用契約の期間が満了し、契約の更新がないとき

② 死亡したとき

③ 退職願を提出し会社が承認したとき

④ その他前各号に準ずるやむを得ない事情があるとき

第9条（自己都合退職の手続） 嘱託社員が自己の都合により退職しようとするときは、少なくとも退職予定日1か月前までに退職願を提出し、会社の承認を受けなければならない。

第10条（解雇） 嘱託社員が次の各号のいずれかに該当するときは、解雇する。

① 精神または身体の故障により、業務に耐えられないと認められたとき

② 天災地変、その他やむを得ない事由により、事業の縮小、廃止その他事業の継続が不可能となったとき

③ 業務上の指示命令に従わないとき

④ その他前各号に準ずるやむを得ない事情があるとき

第11条（解雇の予告） 前条および第6条第4項の規定による嘱託社員の解雇は、30日前の解雇予告、あるいは平均賃金の30日分の解雇予告手当を支払った上で行う。

2 予告の日数は、1日について平均賃金を支払った場合は、その日数を短縮する。

第3章　服務規律

第12条（服務規律） 服務規律は、正社員の就業規則を準用する。

第4章　労働時間、休憩および休日

第13条（就業時間、休憩および休日） 就業時間、休憩時間および休日については、正社員の就業規則に準じて、個別の嘱託契約で定める。

2 業務上必要がある場合には、前項で定める休日を他の労働日と振り替えることがある。

第14条（時間外、休日および深夜勤務） 業務の都合により、所定時間外、休日および深夜に勤務させることがある。

２　前項の労働は、労使協定で定めた時間を限度とする。

第15条（年次有給休暇）　年次有給休暇については、労働基準法の定めるところによる。

２　年次有給休暇の取扱いについては、正社員の就業規則を準用する。

第16条（年次有給休暇以外の休暇等）　嘱託社員の年次有給休暇以外の休暇等は、正社員の就業規則を準用する。

第５章　賃　金

第17条（賃金構成）　嘱託社員の賃金は、基本給および各種手当から構成する。

２　基本給は時間給もしくは日給とし、その金額は、本人の職務、能力および経験等を考慮して個別の嘱託契約で定める。

３　給与の締切日および支給日については、正社員の就業規則を準用する。

第18条（各種手当）　各種手当の支給は、原則として正社員に準ずるものとする。

第19条（昇給）　昇給は原則として行わない。ただし、会社は、嘱託契約を更新する際、その勤務成績等を考慮して、昇給させることがある。

第20条（賞与）　嘱託社員に対しては、原則として賞与は支給しない。

第21条（退職金）　嘱託社員に対しては、原則として退職金は支給しない。ただし、会社に対してとくに功労のあった者については、退職慰労金として支給することがある。

第22条（賃金の控除）　賃金の支払に際して、源泉所得税、社会保険料など、法令に定められた金額を控除する。

第６章　福利厚生

第23条（福利厚生）　会社は、福利厚生施設の利用および行事への参加については、正社員に準ずるように配慮する。

第24条（社会保険等）　会社は、嘱託社員の労働条件が常態として社会保険および雇用保険の加入要件に該当した場合は、所定の加入手続きをとらなければならない。

第７章　安全衛生および災害補償

第25条（安全衛生および災害補償） 安全衛生および災害補償については、正社員の就業規則を準用する。

第８章　表彰および懲戒

第26条（表彰および懲戒） 表彰および懲戒については、正社員の就業規則を準用する。

附　　則

1　この規程を変更または廃止する場合は、取締役会の承認を必要とする。

2　この規程は○○○○年７月１日に制定し、同日実施する。

3　この規程は○○○○年10月１日から改正し、同日実施する。

4　この規程の主管者は総務部門長とする。

（制定記録）

制定　　○○○○年７月１日

改正　　○○○○年10月１日

3 就業規則の作成・変更に関する書式

労働者の意見を聴く必要がある

就業規則変更届や意見書を届け出る

嘱託社員規程も就業規則の一部と考えられているため、嘱託社員規程を作成・変更する場合には、就業規則の作成・変更に準じて労働基準監督署に届出をする必要があります。

① 就業規則変更届（次ページ）

従業員が10人以上の企業は、就業規則を作成しなければなりませんが、ただ作成すればよいというわけではありません。就業規則を作成した場合には、①労働者の過半数を代表する労働組合または労働者の過半数を代表する労働者の意見を聴取する、②労働基準監督署に届け出る、③対象となる労働者全員に周知する、といった手続きが必要となります。この手続きは、初めて就業規則を作成したときはもちろん、変更をするたびに必要となります。

なお、労働基準監督署に届け出る際は、正副２部の就業規則を作成します。そのうち一部（正本）は労働基準監督署に提出し、副本の方は受理印をもらい、会社に就業規則原本として保管します。

② 意見書（132ページ）

就業規則を作成または変更した際に、労働組合または、労働者の過半数を代表する労働者の意見を聴き、就業規則に添付した上で労働基準監督署に届出する書類です。

この「意見を聴く」ことの解釈には「同意する」ことまで要求されていませんので、反対意見が付されていても差し支えありません。しかし、不利益変更の場合には、不利益の対象となる労働者の同意が必要と解されます。

書式　就業規則変更届

就業規則（変更）届

令和　○　年　11　月　2　日

大田　労働基準監督署長　殿

今回、別添のとおり当社の就業規則を制定・変更いたしましたので、意見書を添えて提出します。

主な変更事項

条文	改　正　前	改　正　後
社員就業規則 第53条 (時間単位の 年次有給休暇)	(3)　時間単位年休は、２時間単位で付与する。	(3)　時間単位年休は、**1時間単位**で付与する。
嘱託社員規程 第21条 (退職金)	嘱託社員に対しては、退職金は支給しない。	嘱託社員に対しては、**原則として**退職金は支給しない。**ただし、会社に対してとくに功労のあった者については、退職慰労金として支給することがある。**

労働保険番号	都道府県		所轄	管轄		基幹番号						枝番号			被一括事業番号			
	0	0	0	0	0	0	0	0	0	0	0	0	0	0				

ふりがな 事業場名	たまりばーかぶしきがいしゃ 多摩リバー株式会社	
所在地	東京都大田区東多摩川1－2－1　TEL 03-○○○○-○○○○	
使用者職氏名	代表取締役社長　川崎　一男　㊞	
業種・労働者数	小売業	企業全体　83　人 事業場のみ　20　人

〔前回届出から名称変更があれば旧名称
また、住所変更もあれば旧住所を記入。〕

意　見　書

令和○　年　10　月　30　日

多摩リバー株式会社
代表取締役社長　川崎　一男 殿

令和 ○ 年10月20日付をもって意見を求められた就業規則変更案について、下記のとおり意見を提出します。

記

対象となる規程
1. 社員就業規則
2. 嘱託社員規程

上記規程の変更につき、まったく異議はなく、同意いたします。

なお、1については、正規社員を集め意見聴取をし、2については、嘱託社員を集め意見聴取をしましたが、異論は出ませんでした。

以上

労働組合の名称又は労働者の過半数を代表する者の　職名　一般事務職
氏名　従業員代表　品川　二郎 ㊞
労働者の過半数を代表する者の選出方法（　従業員の互選により選出　）

4 高年齢者雇用状況報告書の提出

毎年、高年齢者の雇用状況や定年制度の状況を報告する

高年齢者雇用状況報告書とは

高年齢者を雇用する事業主に求められている届出に高年齢者雇用状況報告書があります。事業主は、雇用する高年齢者の状況についての報告をすることが義務づけられています。

高年齢者雇用状況報告書では、まず、定年制の状況を記入します。次に、定年がある場合は、定年後の継続雇用制度の状況を記入します。また、定年制度や継続雇用制度以外で66歳以上まで働ける制度の状況を記入する欄もあります。最後に、常用労働者数、解雇等による過去１年間（６月１日～翌年５月31日）の離職者の数、過去１年間に定年年齢に達した者の数を記入します。なお、高年齢者雇用安定法では、高年齢者とは、55歳以上の者のことをいうと定められているため、覚えておくとよいでしょう。

報告は、事業主の定年・高年齢者雇用確保措置についての指導や高年齢者雇用施策の企画立案などに活用されます。

ハローワークへの届出

毎年、６月１日現在における定年及び継続雇用制度の状況その他高年齢者の雇用に関する状況を翌月15日までに、その主たる事務所（本店）の所在地を管轄する公共職業安定所（ハローワーク）に提出することになります。提出する書類は高年齢者雇用状況報告書（次ページ）です。

書式　高年齢者雇用状況報告書

様式第２号

公共職業安定所コード番号					

（公共職業安定所で記入すること）

高年齢者雇用状況報告書　㊣

高年齢者等の雇用の安定等に関する法律施行規則第33条第１項の規定により、令和 2 年6月1日現在の状況を下記のとおり報告します。

厚生労働大臣　殿　　　　令和 2 年 7 月 ○ 日

事業主	①（フリガナ）名称（法人の場合）又は氏名（個人事業の場合）	カブシキガイシャ　コウノジョウホウサービス 株式会社　甲野情報サービス	②（フリガナ）代表者氏名（法人の場合）	ダイヒョウトリシマリヤク コウノイチロウ 代表取締役 甲野一郎
	③住所〔法人にあっては主たる事業所の所在地〕	〒（○○○－○○○○） 東京都○○区××○-○-○	電話番号 FAX番号	03（○○○○）○○○○ 03（××××）××××

事業の種類	④産業分類番号	3 9	事業の具体的内容〔情報サービス業〕	⑤労働組合の有無	□イ　あり ☑ロ　なし	⑥雇用保険適用事業所番号	○○○○-○○○○○○-○

定年制の状況	⑦定年	□イ　定年なし ☑ロ　定年あり（定年年齢 60 歳）
	⑧定年の改定予定等	□イ　改定予定あり（令和＿＿年＿＿月より＿＿歳） □ロ　廃止予定あり（令和＿＿年＿＿月に廃止） □ハ　改定又は廃止を検討中 ☑ニ　改定・廃止予定なし
継続雇用制度の状況	⑨継続雇用制度	☑イ　就業規則等で継続雇用制度を定めている →a 継続雇用先　（☑（イ）自社　□（ロ）親会社・子会社等（以下「子会社等」という）　□（ハ）関連会社等） →b 対象 →☑（イ）希望者全員を対象（ 65 歳まで雇用 更に基準に該当する者を＿＿歳まで雇用 基準の根拠（☑(a) 労使協定を締結して就業規則等に反映 □(b) 労使協定を締結せず就業規則等のみ）） （注）高年齢者等の雇用の安定等に関する法律の一部を改正する法律（平成24年法律第78号。以下「改正法」という。）に規定する経過措置に基づく対象者を限定する基準が有る企業は（イ）に記入 →□（ロ）基準に該当する者を対象（＿＿歳まで雇用 基準の根拠（□(a) 労使協定を締結して就業規則等に反映 □(b) 労使協定を締結せず就業規則等のみ）） □ロ　制度として導入していない（運用により継続雇用を行う場合を含む）
	⑩継続雇用制度の導入・改定予定	□イ　継続雇用制度の導入・改定予定あり（令和＿＿年＿＿月より） →内容（□（イ）経過措置の基準の廃止　□（ロ）新規導入　□（ハ）上限年齢の引上げ　□（ニ）その他） □ロ　継続雇用制度の導入・改定を検討中 ☑ハ　継続雇用制度の導入・改定予定なし
⑪66歳以上まで働ける制度等（定年の廃止・引上げ等を除く）の状況		□イ　自社又は子会社等で会社の実情に応じ会社が必要と認める者等を66歳以上まで働ける制度を就業規則等に定めている →（□（イ）該当する者を　　歳まで雇用　□（ロ）上限年齢を規定していない） ☑ロ　上記イの制度を就業規則等に定めていない →（□（イ）導入予定あり　☑（ロ）検討中　□（ハ）66歳以上まで雇用する慣行がある　□（ニ）予定なし）

⑫常用労働者数（うち女性）	総数	～44歳	45～49歳	50～54歳	55～59歳	60～64歳	65～69歳	70歳～
	80人 （33人）	25人 （10人）	17人 （7人）	13人 （5人）	10人 （4人）	15人 （7人）	0人 （0人）	0人 （0人）

⑬過去1年間の離職者の状況（うち女性）	解雇等による45歳以上65歳未満の離職者数＿0＿人（うち女性＿0＿人） うち求職活動支援書を作成した対象者数＿0＿人（うち女性＿0＿人）

⑭過去1年間の定年到達者等の状況	(a) 定年到達者の総数（(b)＋(c)＋(e)）	(b) 定年退職者数（継続雇用を希望しない者）	(c) 継続雇用者数	(d) うち子会社等・関連会社等での継続雇用者数	(e) 定年退職者数（継続雇用を希望したが継続雇用されなかった者）	(f) 継続雇用の終了による離職者数
（うち女性）	15人 （7人）	5人 （3人）	6人 （2人）	0人 （0人）	4人 （2人）	0人 （0人）

⑮過去1年間の改正法に規定する経過措置に基づく継続雇用の対象者に係る基準の適用状況	(a) 基準を適用できる年齢に到達した者の総数（(b)＋(c)＋(d)）	(b) 継続雇用終了者数（継続雇用の更新を希望しない者）	(c) 継続雇用者数（基準に該当し引き続き継続雇用された者）	(d) 継続雇用終了者数（基準に該当しない者）
（うち女性）	15人 （7人）	5人 （3人）	6人 （2人）	4人 （2人）

高年齢者雇用推進者	役職	人事部長	氏名	乙川二郎	記入担当者	所属及び役職	人事部	氏名	丙野花子

※事業主は、高年齢者等の雇用の安定等に関する法律（昭和46年法律第68号）に基づき、毎年、高年齢者の雇用に関する状況を報告しなければならないこととされています。（提出期限毎年７月15日）

5 パートタイム労働者に関する書式

雇止めの予告については理由をはっきりさせる

書式を作成する際の注意点

パートタイム労働者に関する書式には以下のものがあります。

① **雇用契約書（次ページ）**

就業規則がない場合の書式です。パートタイマーに対しても、ⓐ労働契約の期間、ⓑ就業の場所および従事する業務、ⓒ始業、終業の時刻、時間外労働の有無、休憩時間、休日・休暇、ⓓ賃金の額、計算・支払方法、締切り・支払時期、ⓔ退職については書面で明示する必要があります。また、雇用契約が有期労働契約であった場合には更新の基準も明示する必要があります。これらの労働条件を雇用契約書に組み込んでもかまいません。

② **労働条件通知書（139ページ）**

労働契約法では、有期契約が通算して５年を超えると、無期労働契約への転換を申し込むことができます。ただし、60歳以上の定年後に有期契約で継続雇用される場合には、特例で対象から除外することができます。この場合には、契約期間欄の「有期雇用特別措置法による特例の対象者の場合」に記載することができます。

③ **雇止め予告通知書（141ページ）**

期間の定めのある雇用契約をしている労働者を、３回以上契約更新して雇用している場合や、１年を超えて雇用している場合は、30日前までに雇止めの予告をするよう、厚生労働省から基準が示されています。予告は書面で行い、雇止めの期日の他、その理由などを記載しておくとよいでしょう。

書式　雇用契約書

雇用契約書

○○○○食品株式会社（以下「甲」という）と○○○○（以下「乙」という）は、本日、次の労働条件により、乙がパートタイム従業員として甲で就業する旨を合意し、雇用契約を締結した。

第１条（雇用期間） 甲の乙に対する雇用期間については特段、定めないこととする。

２　前項の期間は、乙が満65歳となる誕生日を経過した場合は定年とし、定年到達日の翌日をもって乙は退職する。

３　乙の就業開始日は、令和○年○月○日とする。

第２条（賃金と支払方法等） 乙の賃金は、時給計算とし、就業時は１時間単位で980円とする。

２　甲は、前項の金額について、就業態度、就業年数などを考慮して、最大1300円まで上げることができる。

３　賃金は、毎月末日締切、翌月10日支払とする。但し、支払日が休日にあたるときは、その前日に支払う。

４　賃金の支払方法は、甲の取引銀行に乙が口座を開設し、当該銀行口座に全額を振り込むことによって、これを行う。

５　源泉所得税および社会保険料等の法令により控除が認められるものは、賃金から控除することとする。

第３条（就業場所および従事する業務） 乙の就業場所は、甲の本社食品販売部とし、従事する業務は食品販売とする。

２　甲は、業務の都合により、乙の承諾を得て、前項の就業場所および従事業務の変更を命ずることができる。

第４条（始業・終業時刻および休憩時間） 前条１項の就業場所における乙の始業、終業時刻および休憩時間は、次の通りとする。

始業時刻　９時00分

終業時刻　16時00分

休憩時間　12時から13時までの１時間

第５条（時間外および休日勤務） 甲は、乙に対し、業務の都合により必要がある場合、乙の承諾を得て、法令の定める手続を経た上で時間外または休日勤務を命ずることができる。

第６条（割増賃金） 割増賃金の計算は法令の定めるところによる。

第７条（休日） 乙の休日は次の通りとする。

① 火曜日、木曜日、土曜日、日曜日

② 祝日または振替休日

③ 年末年始（12月31日から１月４日まで）

２ 甲は、業務の都合により、乙の承諾を得て、前項の所定休日を、あらかじめ他の日と変更または振り替えることができる。

３ 前項の場合、甲は、乙に対し、変更または振替によって勤務日となる休日および変更または振替によって休日となる勤務日を特定して、事前に通知しなければならない。

４ 前項の場合、変更または振替前の休日は所定の勤務日として扱い、変更または振替前の勤務日は休日として扱うことを、甲乙双方が確認する。

５ 乙は、第８条所定の年次有給休暇における年休権を行使する場合は、休暇を取得しようとする日の前日までにその旨を甲に口頭で連絡するものとする。

第８条（年次有給休暇） 甲は、乙の勤続期間に応じて、労働基準法第39条所定の年次有給休暇を付与する。

２ 乙の前条第５項の手続を怠った休暇取得および甲の時季変更権行使を無視した休暇取得に対して、甲はこれを無断欠勤として扱うこととする。

第９条（欠勤等の扱い） 乙の欠勤、遅刻、早退および私用外出に関わる合計時間数は、賃金の計算対象時間から除外する。

第10条（通勤手当） 通勤手当は、乙が甲に通勤するにふさわしい合理的経路に要する交通実費を全額、甲が支給する。

第11条（解雇） 乙に、次の各号の一に該当する事由が認められる場合、甲は、乙を解雇できる。

① 甲の指揮命令に従わず、勧告を経てもなお勤務態度を改めないとき

② 心身の故障により、従事する業務に耐えられないと認められるとき

③ 遅刻、欠勤が多く、またはそれ以外の勤務成績不良で、従事する業務に適さないと認められるとき

④ その他前各号に準ずるやむを得ない事由があるとき

2 解雇の予告その他の解雇に関する事項は、法令の定めるところによる

第12条（その他） 本契約に定めのない事項については、法令の定めるところによる。

以上をもって、本契約が成立した。これを証するため、本書面を2通作成し、甲乙各自1通ずつ保有することとする。

令和○年○月○日

（甲）東京都○○区××○丁目○番○号
○○食品株式会社
代表取締役　○○○○　㊞
（乙）東京都○○区××○丁目○番○号
○○○○　㊞

書式　労働条件通知書

（一般労働者用；常用、有期雇用型）

労働条件通知書

令和〇年 5 月 1 日

〇〇　〇〇 殿

事業場名称・所在地　××〇〇食品株式会社
使用者職氏名　〇〇　〇〇

契約期間	期間の定めなし、期間の定めあり（〇年5月1日～〇年10月31日） ※以下は、「契約期間」について「期間の定めあり」とした場合に記入 1　契約の更新の有無 ［自動的に更新する・更新する場合があり得る・契約の更新はしない・その他（　　）］ 2　契約の更新は次により判断する。 ・契約期間満了時の業務量　・勤務成績、態度　・能力 ・会社の経営状況　・従事している業務の進捗状況 ・その他（　　） 【有期雇用特別措置法による特例の対象者の場合】 無期転換申込権が発生しない期間：Ⅰ（高度専門）・Ⅱ（定年後の高齢者） Ⅰ　特定有期業務の開始から完了までの期間（　　年　　か月（上限10年）） Ⅱ　定年後引き続いて雇用されている期間
就業の場所	××〇〇食品株式会社　△△△支店
従事すべき業務の内容	商品の納入・搬出・陳列 【有期雇用特別措置法による特例の対象者（高度専門）の場合】 ・特定有期業務（　　開始日：　　完了日：　　）
始業、終業の時刻、休憩時間、就業時転換((1)～(5)のうち該当するもの一つに〇を付けること。)、所定時間外労働の有無に関する事項	1　始業・終業の時刻等 (1)　始業（ 10 時 00 分）　終業（ 17 時 00 分） 【以下のような制度が労働者に適用される場合】 (2)　変形労働時間制等；（　　）単位の変形労働時間制・交替制として、次の勤務時間の組み合わせによる。 始業（　時　分）　終業（　時　分）　（適用日　　） 始業（　時　分）　終業（　時　分）　（適用日　　） 始業（　時　分）　終業（　時　分）　（適用日　　） (3)　ﾌﾚｯｸｽﾀｲﾑ制；始業及び終業の時刻は労働者の決定に委ねる。 （ただし、ﾌﾚｷｼﾌﾞﾙﾀｲﾑ（始業）　時　分から　時　分、 （終業）　時　分から　時　分、 ｺｱﾀｲﾑ　時　分から　時　分） (4)　事業場外みなし労働時間制；始業（　時　分）終業（　時　分） (5)　裁量労働制；始業（　時　分）　終業（　時　分）を基本とし、労働者の決定に委ねる。 〇詳細は、就業規則第　条～第　条、第　条～第　条、第　条～第　条 2　休憩時間（　　）分 3　所定時間外労働の有無（ 有 ， 無 ）
休　日	・定例日；毎週火・木・土・日曜日、国民の祝日、その他（1/1～1/3､8/10～8/17） ・非定例日；週・月当たり　　日、その他（　　） ・１年単位の変形労働時間制の場合－年間　　日 〇詳細は、就業規則第　条～第〇条、第〇条～第　条
休　暇	1　年次有給休暇　6か月継続勤務した場合→　5　日 継続勤務6か月以内の年次有給休暇　（有・無） →　か月経過で　日 時間単位年休（有・無） 2　代替休暇（有・無） 3　その他の休暇　有給（ 育児・介護休暇等 ） 無給（　　） 〇詳細は、就業規則第　条～第〇条、第〇条～第　条

（次頁に続く）

賃　　金	1　基本賃金　イ　月給（　　　　　円）、ロ　日給（　　　　　円） 　　　　　　　(ハ)　時間給（　980円）、 　　　　　　　ニ　出来高給（基本単価　　　　円、保障給　　　円） 　　　　　　　ホ　その他（　　　　　円） 　　　　　　　へ　就業規則に規定されている賃金等級等 [　　　　　　　　　　　　　　　　　　] 2　諸手当の額又は計算方法 　イ（　　手当　　　円　／計算方法：　　　　　　　　　　　） 　ロ（　　手当　　　円　／計算方法：　　　　　　　　　　　） 　ハ（　　手当　　　円　／計算方法：　　　　　　　　　　　） 　ニ（　　手当　　　円　／計算方法：　　　　　　　　　　　） 3　所定時間外、休日又は深夜労働に対して支払われる割増賃金率 　イ　所定時間外、法定超　月６０時間以内（125）％ 　　　　　　　　　　　　　月６０時間超　（150）％ 　　　　　　　　　　所定超　（125）％ 　ロ　休日　法定休日（135）％、法定外休日（125）％ 　ハ　深夜（ 25 ）％ 4　賃金締切日（1と3の賃金）－毎月　日、（ 20 ）－毎月　日 5　賃金支払日（1と3の賃金）－毎月　日、（ 25 ）－毎月　日 6　賃金の支払方法（　　　　　　　　　　） 7　労使協定に基づく賃金支払時の控除（無　，(有)（　　　）） 8　昇給（時期等　毎年4月 業績等を統合考慮して 決定　） 9　賞与（ (有)（時期、金額等 成果を考慮の上 年2回（7・12月））　，　無　） 10　退職金（　有（時期、金額等　　　　　　　　）　，　(無)　）
退職に関する事項	1　定年制　（　有　（　　歳）　，　(無)　） 2　継続雇用制度（　有（　　歳まで）　，　無　） 3　自己都合退職の手続（退職する　　日以上前に届け出ること） 4　解雇の事由及び手続 [　　　　　　　　　　　　　　　　　　] ○詳細は、就業規則第○条～第　条、第○条～第　条
そ　の　他	・社会保険の加入状況（　厚生年金　健康保険　厚生年金基金　その他（　　　　）） ・雇用保険の適用（　有　，　(無)　） ・その他 [　　　　　　　　　　　　　　　　　　] ※以下は、「契約期間」について「期間の定めあり」とした場合についての説明です。 　労働契約法第18条の規定により、有期労働契約（平成25年4月1日以降に開始するもの）の契約期間が通算５年を超える場合には、労働契約の期間の末日までに労働者から申込みをすることにより、当該労働契約の期間の末日の翌日から期間の定めのない労働契約に転換されます。ただし、有期雇用特別措置法による特例の対象となる場合は、この「５年」という期間は、本通知書の「契約期間」欄に明示したとおりとなります。

※　以上のほかは、当社就業規則による。

※　労働条件通知書については、労使間の紛争の未然防止のため、保存しておくことをお勧めします。

書式　雇止め予告通知書

令和○年○月○日

システム部第一システム課
　上田　和子　殿

○○株式会社
　代表取締役
　山本　太朗　㊞

雇止め通知書

　貴殿との雇用契約が、下記の通り終了しますので、ここに通知致します。なお、この雇用契約は、下記理由により更新致しませんので御了承下さい。

記

1．雇用契約満了日　　令和○年○月○日

2．雇止めの理由　　担当業務終了のため

以上

Column

定年後の賃金減額に関する判例

定年後の賃金減額に関する判例では、長澤運輸事件（最高裁平成30年6月1日判決）が最も参考になります。この裁判では、定年後再雇用者には、基本賃金と歩合給が支給されるものの、正社員に支給される能率給、職務給、精勤手当などが支給されておらず、また、時間外手当の割増率も正社員より低く設定されていることについて、これらの相違が労働契約法20条（不合理な労働条件の禁止）違反かどうか争われました。

定年後再雇用者が有期雇用契約労働者に該当する場合には、90ページの同一労働同一賃金の考え方に沿って、①職務の内容、②職務の内容・配置の変更の範囲、③その他の事情を考慮して、均衡待遇になるような労働条件を設定する必要があります。判例では、定年退職後の再雇用者は、「その他の事情」に該当し、考慮されると判断しています。

つまり、職務の内容、職務の内容・配置の変更の範囲が正社員と同一であったとしても、定年後再雇用者はその他の事情などが考慮され、能率給、職務給の不支給は不合理でないと判断しました。

一方で、精勤手当については、従業員が勤務日は1日も欠かさずに出勤することを奨励するという手当の趣旨である以上、正社員と再雇用者との職務の内容が同一であれば、両者に支給しなければならないとし、精勤手当を支給しないことは不合理であると判断しました。

また、時間外手当の割増率についても同様の理由で正社員と再雇用者で差をつけることについて、不合理と判断しました。

今後も同一労働同一賃金制度に関する多くの裁判が予想されています。労働契約法20条は、パートタイム・有期雇用労働法に統合されていますが、今後の判断の重要なものになることに変わりはありません。

第6章

年金・給付金のしくみと手続き

1 雇用延長に関わる雇用保険事務について知っておこう

事業主の意思にかかわらず加入する必要がある

1人でも人を雇ったら雇用保険の適用事業所となる

雇用保険とは労働者が失業した場合や労働者について雇用の継続が困難となる事由が生じた場合に、必要な給付（基本手当などの失業等給付）を行う公的保険制度です。正社員であればほぼ間違いなく、雇用保険の被保険者（保険制度に加入する人）となりますが、継続雇用により雇用形態が見直された場合、雇用保険の被保険者から外れる可能性があるため事務手続きが必要になります。

雇用保険の場合、事業所で労働者を１人でも雇った場合、原則として、雇用保険に加入しなければなりません。このように強制的に雇用保険への加入義務が生じる事業所を強制適用事業所といいます。例外的に強制適用事業所にならない事業所を暫定任意適用事業所といいます。この事業所は、常時５人未満の労働者を雇用する個人経営の農林、水産、畜産、養蚕の事業が該当します。雇用保険は事業所ごとに適用されるため、本店と支店などは個別に適用事業所となります。

雇用保険の被保険者には４種類ある

雇用保険の制度に加入することになる者（労働者）を被保険者といいます。次の４種類（種別）に分けられます。

①　一般被保険者

次の②～④までの被保険者以外の被保険者で、ほとんどの被保険者がこれに該当します。一般被保険者とは、１週間の所定労働時間が20時間以上で、31日以上雇用される見込みのある者のことです。アルバイトやパートタイム労働者も、この要件を満たせば雇用保険の被保険者になります。継続雇用制度により再雇用する場合も、約1か月以上雇用する労働者については引き続き雇用保険に加入させなければなりませんので、事業主としては、気をつける必要があるでしょう。

② **高年齢被保険者**

65歳以上の被保険者をいいます。③と④に該当する者は除きます。

③ **短期雇用特例被保険者**

冬季限定の清酒の醸造や夏季の海水浴場での業務など、その季節でなければ行えない業務のことを季節的業務といいます。季節的業務に雇用される者のうち、雇用期間が4か月以内の者及び週の労働時間が20時間以上30時間未満の者を除いた者が短期雇用特例被保険者として扱われます。

ただ、④に該当する者は除きます。また、短期雇用特例被保険者が同一の事業主に1年以上引き続いて雇用された場合は、1年経ったときから短期雇用特例被保険者から一般の被保険者に切り替わります。

④ **日雇労働被保険者**

雇用保険の被保険者である日雇労働者のことです。日雇労働者とは、日々雇い入れられる者や30日以内の短い期間を定めて雇用される者のことです。

65歳以上の複数就業者も雇用保険加入対象となる

雇用保険は、副業などを含めた複数の事業場を合計して週所定労働時間が20時間以上になるような場合でも、個々の事業場で20時間未満である場合には加入できません。しかし、国は副業などを推進しており、複数就業者の雇用安定という意味では不十分だといえます。そのため、年齢が65歳以上の複数就業者に対して、雇用されているいずれの適用事業場の週所定労働時間が20時間未満で、複数の適用事業のうち、2つの事業の労働時間を合算すると週所定労働時間が20時間以上の場合に、雇用保険に加入することが法改正により可能になりました。

ただし、合算できる個々の事業場での労働時間が５時間以上あること、合算する場合には２つの事業の労働時間しか合算できないこと、申出が必要であること、が必要になります。この改正は令和４年１月から施行されます。

適用除外となる労働者は６種類に区分される

雇用保険の適用事業所に雇用された労働者であっても、雇用保険の被保険者にならない者もいます（適用除外）。たとえば、以下の①～⑥に挙げる労働者は、雇用保険の適用対象から除外されます。

①　一週間の所定労働時間が20時間未満である者

日雇労働被保険者に該当しない限り、被保険者になりません。

②　同一の事業主に31日以上継続して雇用される見込みがない者

雇用期間が30日以下の者は、日雇労働被保険者に該当しない限り、被保険者になりません。

③　季節的事業に雇用される者のうち、労働期間・時間が短い者

季節的に雇用される労働者は短期雇用特例被保険者の対象になりますが、雇用期間が４か月以内の者及び週の労働時間が20時間以上30時間未満の者は雇用保険の被保険者にはなりません。

④　国家公務員や地方公務員など

国家公務員や地方公務員などは他の法令の規定により、雇用保険よりも充実した給付を受けることができます。このため、雇用保険の被保険者から除外されています。

⑤　学生など

学生は、被保険者になりません。ただ、休学中の者や定時制課程に在学する者などは要件を満たせば、被保険者になります。

⑥　船員で、一定の漁船に乗り込むため雇用される者

原則、被保険者になりませんが、１年を通じて適用事業所に雇用される場合は被保険者となります。

■ パートタイマーの取扱い

1週間の所定労働時間	将来の雇用の見込み	
	31日未満	31日以上
20時間以上	×	通常の被保険者
20時間未満	×	×

※正規の社員の週所定労働時間が40時間であるものとする
※×印のところに該当する者は被保険者とならない

■ 被保険者となる場合とならない場合

区　分	被保険者となる場合	被保険者とならない場合
法人の役員	会社の取締役などの役員であっても、部長、工場長などの従業員としての身分があり、報酬の面からみても労働者的な性格の強い者（兼務役員）	①個人事業主や会社などの代表取締役、監査役 ②合名会社、合資会社の代表社員 ③法人の取締役で左記以外の者
2以上の適用事業に使用される者	その労働者が生計を維持するのに必要な賃金を受けている事業所について	左記の事業所以外の事業所（副業先）について
臨時内職的に雇用される者	右記のいずれにもあたらない者	下記のいずれかにあたる者 ①家計補助的に賃金を得ている者 ②反復・継続して就労しない者
家事使用人	おもに家事以外の仕事に従事するために雇われた者で、例外的に家事に使用されることのある者	おもに家事に使用される者
同居の親族	下記①～③のいずれの条件も満たす者 ①事業主の指揮命令に従っていること ②賃金額等を含めた就業の実態がその事業所の他の一般労働者と同じであること ③取締役などの役職にないこと	左記以外の者
学　生	下記のいずれかに該当する者 ①学校を休学して働いている場合 ②その者の学校で卒業見込証明書の発行を受け、卒業前に就職し、卒業後も継続してその事業所に勤務する場合 ③学校が一定の出席日数を課程終了の要件としない学校に在学する者であって、その事業所において同種の業務に従事する労働者と同様に勤務することができる場合	左記以外の者

2 継続雇用後の労働者の賃金をカバーする制度がある

高年齢者に対する給付がある

高年齢雇用継続給付は60 ～ 65歳を対象とする

雇用延長の当事者となる企業や労働者が知っておくべき雇用保険の給付が**高年齢雇用継続給付**です。

今後の急速な高年齢者の増加に対応するために、労働の意欲と能力のある60歳以上65歳未満の者の雇用の継続と再就職を援助・促進していくことを目的とした給付が高年齢雇用継続給付です。高年齢雇用継続給付には、①高年齢雇用継続基本給付金と②高年齢再就職給付金があります。雇用延長や同じ企業での再雇用に関わる給付金は高年齢雇用継続基本給付金です。

なお、高年齢雇用継続給付の支給額は令和７年４月から縮小されます（115ページ）。

高年齢雇用継続基本給付金は賃金低下時に支給される

定年後に再雇用されると、賃金が定年前に比べて下がるケースが一般的です。賃金が減額されると生活が困難になり、その事業所での継続就労が難しくなる場合があります。そのため、高年齢雇用継続基本給付金は、賃金の減額をカバーするために支給されます。

高年齢雇用継続基本給付金が支給されるのは、60歳以上65歳未満の一般被保険者です。被保険者（労働者）の60歳以降の賃金が60歳時の賃金よりも大幅に低下したときに支給されます。具体的には、60歳時点に比べて各月の賃金額が75％未満に低下した状態で雇用されているときに次ページの図のような額の高年齢雇用継続基本給付金が支給されます。図のみなし賃金日額とは、60歳時点で支給されていた賃金日額のことです。

60歳到達日（「60歳の誕生日の前日」のこと）において被保険者であった者が高年齢雇用継続基本給付金を受給するためには、被保険者であった期間が５年以上あることが必要です。また、60歳到達日において被保険者期間が５年に満たない場合であっても、その後、再雇用され被保険者期間が５年に達した月以後に、高年齢雇用継続基本給付金の支給を受けることができます。

高年齢雇用継続基本給付金が支給されるのは、原則として、被保険者の60歳到達日の属する月から65歳に達する日の属する月までの間です。そのため最長５年間受給できます。

高年齢再就職給付金もある

高年齢再就職給付金は、失業した高年齢者が早期に再就職した場合に支給される給付金です。雇用保険の基本手当を受給していた60歳以上65歳未満の受給資格者が、基本手当の支給日数を100日以上残して再就職した場合に支給されます。その他の支給要件と支給額については、高年齢雇用継続基本給付金と同様です。

支給期間は、基本手当の支給残日数に応じて、１年もしくは２年に限定されています。

■ 高年齢雇用継続基本給付金の支給額

支払われた賃金額		支　給　額
みなし賃金日額×30の	61%未満	実際に支払われた賃金額×15%
	61%以上 75%未満	実際に支払われた賃金額×15% から一定の割合で減じる率
	75%以上	不支給

※高年齢雇用継続基本給付金と賃金を合わせて、363,359円以上の場合は、給付金が減額される。

3 雇用延長と社会保険事務についてて知っておこう

同日得喪という手続きがある

健康保険と厚生年金保険の手続きは一緒に行われる

雇用延長の際に、労働条件を見直した場合、社会保険の被保険者でなくなることがあります。この場合、社会保険の資格喪失などの手続きが必要になります。

社会保険の実務では、通常、労働者災害補償保険と雇用保険を労働保険と呼び、健康保険、厚生年金保険、介護保険などのことを社会保険と呼びます。健康保険と厚生年金保険は、給付の目的や内容が異なりますが、法律が適用される事業所（適用事業所）など多くの部分で共通点があることから、健康保険と厚生年金保険の手続きを一緒に行うケースが多くあります。健康保険と厚生年金保険は一般的に同時にセットで加入しますので、健康保険の適用事業所と厚生年金保険の適用事業所は原則として同じです。

社会保険は事業所単位で適用されます。事業所とは、本店（本社）の他、支店、出張所、工場などがそれぞれ適用事業所となります。ただ、出張所や工場などで社会保険の事務を処理することができないような場合は、本社で一括して事務処理を行うこともできます。

社会保険の適用事業所は、①強制適用事業所（強制的に社会保険が適用される事業所）と、②任意適用事業所（強制適用事業所に該当しない事業所であっても被保険者となることができる従業員の２分の１以上の同意を得て社会保険の適用事業所となる制度のこと）の２つに分類することができます。

社会保険の保険料の決め方

雇用延長の際に給与の見直しなどを行った場合、社会保険料の見直しが必要になることもあります。

社会保険の保険料は、被保険者の報酬に保険料率を掛けて算出した保険料を、事業主と被保険者で折半して負担します。被保険者の負担分は、事業主が毎月の給料や賞与から天引き（控除）して預かります。

ただ、毎月の給料計算のたびに給料に保険料率を掛けて保険料を算出していたのでは、給料計算事務の担当者の事務負担が相当なものになってしまいます。そのため、社会保険では、あらかじめ給料の額をいくつかの等級に分けて（標準報酬月額）、被保険者の給料をその等級にあてはめることによって保険料を決定するというしくみを採用しています。

一度決定した保険料は、原則としてその後１年間使用し、毎年改定が行われます。また、給料の大幅な変更が生じた場合には見直しを行います（随時改定といいます）。

賞与にかかる社会保険料も、標準賞与額（賞与の支給額から1,000円未満の端数を切り捨てた額）に保険料率を掛けて求めた額になります。

再雇用で給料が下がった場合の特例がある

継続雇用制度を実施した場合には、給料が定年前の給料より低い水準に変更されることもあります。

ところが、随時改定を行ったとしても、随時改定は、継続した過去３か月の報酬をもとにして４か月目から標準報酬を改定するので、改定された標準報酬が実際の給与に反映されるのは、賃金を改定した月から５か月目ということになります。再雇用される労働者（被保険者）にしてみれば、再雇用後、給料が下がったにもかかわらず、変更されるまでの間の保険料を定年前の水準のままで徴収されるのでは経済的にも負担が大きくなってしまいます。

そこで、定年退職後の再雇用時の特例として、被保険者の資格の喪失と取得を同時（同日）に行うことが認められています（同日得喪）。同日得喪ができる者は、事業所の定年年齢にかかわらず、60歳以後に定年退職し、１日も空くことなく同じ会社に再雇用された者が対象になります。

資格喪失届と資格取得届を同時に提出する

同日得喪とする場合、定年退職日の翌日を資格喪失日とする資格喪失届と、それと同じ日を資格取得日とする資格取得届を同時に保険者に提出します。これにより、再雇用後の月分の保険料は、再雇用後の給料額をもとにして決定された標準報酬月額によって算出されます。

労働者が退職したときの手続も５日以内

再雇用、勤務延長により、労働者に引き続き仕事をしてもらうにしても、社会保険の加入基準（154ページ）に満たない場合、社会保険については退職手続きをとることになります。

労働者が退職した場合、退職日の翌日から数えて５日以内に「健康保険・厚生年金保険被保険者資格喪失届」を年金事務所に提出します。添付書類としては、健康保険被保険者証が必要になります。たとえば、３月31日付けで退職したのであれば、４月５日までに喪失届を提出する必要があります。なお、社会保険の資格を喪失する日は退職日の翌日になります。

健康保険や厚生年金の加入年齢と事務手続き

通常、会社員が加入する健康保険制度や厚生年金保険制度については、加入者の年齢に上限があります。

厚生年金保険の場合、70歳が上限です。つまり厚生年金保険が適用される事業所に勤務している従業員であっても、70歳になると厚生年金保険の被保険者の資格を失うことになります。この場合、事業主は、従業員が退職した場合と同様に、事業所を管轄している年金事務所に「厚生年金保険70歳以上被用者不該当届」を提出することになります。また、70歳以上の従業員を雇用する場合、別途手続きが必要です。

一方、健康保険の場合、原則として75歳未満の労働者であれば会社や全国健康保険協会による健康保険制度の対象になります。現実的なケースとしてまだそれほど多くはないでしょうが、フルタイムで働く72歳の労働者は健康保険の被保険者となります。

ただし、75歳を過ぎると、健康保険制度から後期高齢者医療制度（75歳以上や一定の障害状態にある65歳以上の人を対象とした医療保険制度）へ、公的医療保険が切り替わるので、健康保険については、資格喪失手続が必要になります。

必ず公的医療保険には入らなければならない

健康保険は、被保険者と被扶養者がケガ・病気をした場合や死亡した場合、さらには仕事を休業した場合に必要な保険給付を行うことを目的としています。たとえば、業務外の病気、ケガなどについて、病院や診療所などで診察を受けたり、手術を受けたり、入院したりしたときの治療費（療養の給付）や賃金を受け取れないときの生活費（傷病手当金）などが健康保険から支給されます。健康保険は会社を退職すると加入資格を失いますので、在職中に使っていた健康保険証（健康保険被保険者証）は、会社を通して返却しなければならず、退職した日の翌日からは使えません。現在の健康保険制度は、国民すべてが、いずれかの公的医療保険制度に加入することになっています。会社を退職した後は、国民健康保険（市区町村が運営する自営業者などを対象とした医療保険制度）や同居家族の被扶養者となるなどのいくつかの制度の中から該当するものを選ぶことになります。

4 社会保険には誰が加入するのか

正社員は当然加入するが、パートやアルバイトでは条件がある

社会保険の被保険者になる人とならない人

再雇用制度により嘱託社員へと切り換えた結果、労働者の勤務日数・労働時間が減少し、社会保険の被保険者に該当しなくなることもあります。

嘱託社員やパートタイマーが社会保険に加入するか否かは、就業実態から判断されます。加入の判断基準は、正規の社員（労働者）の勤務時間と勤務日数の４分の３以上勤務する場合には一般的に被保険者となります。「勤務時間と勤務日数が正規の社員の４分の３以上」とは、１週間の労働時間と１か月の勤務日数の両方が正社員に比べて４分の３以上になっているということです。たとえば、正社員の所定労働時間と所定労働日数が週40時間、月20日と定められている会社の場合、１週間の労働時間が30時間以上、１か月の勤務日数が15日以上どちらも満たしている労働者については、社会保険に加入することができます。

これらを判断する際には、就業規則や個別の雇用契約書で所定労働時間と労働日数を確認することができます。

会社の規模に応じて加入が義務となる

「勤務時間と勤務日数が正規の社員の４分の３以上」勤務しない場合は社会保険に加入する必要はありません。しかし、厚生年金保険の被保険者数が常時501人以上の大企業や500人以下の事業所で労使合意に基づき申出を行った企業については、以下に該当する短時間労働者の場合、勤務時間と勤務日数が正規の社員の４分の３未満であっても

社会保険に加入する必要があります。

① 所定労働時間が週20時間以上あること

② 月額賃金8.8万円以上（年収106万円以上）

③ 勤務期間が１年以上見込まれること

④ 学生でないこと

これら社会保険の対象労働者の拡大は、年金制度を持続させるために実施されています。そのため、現在、被保険者数501人以上の企業は上記の条件に該当すると、短時間労働者も加入させる必要があります。さらにその対象範囲を被保険者数51人以上の会社へ引き下げる方

■ 健康保険・厚生年金保険の対象となる人の例 ……………………

	勤務時間		勤務日数		社会保険
正社員	40H	○	20日	○	加　入
Aさん	15H	×	20日	○	未加入
Bさん	30H	○	20日	○	加　入
Cさん	32H	○	15日	○	加　入
Dさん	20H	○	12日	×	未加入

※○は４分の３以上、× は４分の３未満

１週の勤務時間や１か月の勤務日数について、その会社の正社員の通常勤務と比べて

↓

勤務時間と勤務日数、ともに４分の３以上の人が社会保険強制加入（上記の例では、Bさん・Cさんが該当）

さらに

短時間労働者でも次の条件に該当する場合は加入
（上記の例では、Dさんが該当の可能性）
①所定労働時間が週 20 時間以上
②月額賃金 8.8 万円以上（年収 106 万円以上）
③勤務期間が１年以上見込まれる
④学生でないこと
⑤厚生年金保険の被保険者数が常時 501 人以上

向で法改正が行われています。

法改正は段階的に行われ、まず、令和４年10月から被保険者の人数要件が501人以上から101人以上に引き下げられます。さらに、令和６年10月から101人以上から51人以上に引下げが行われます。

また、令和４年10月からは、上記の「③勤務期間が１年以上見込まれる」という条件も削除され、２か月を超えて雇用される見込みがある場合には加入させなければなりません。

これらの法改正は、これまで短時間勤務であることを理由に社会保険に加入させていなかった場合にも加入が義務づけられることになります。そのため、パートを中心に雇用している企業にとっては社会保険料の負担が多くなる可能性があり、法改正が施行されるまでに、人員配置の見直しなどを実施する必要があるでしょう。

被保険者と在職老齢年金との関係

60歳以上になると、給与と年金の両方を受け取ることがあります。この際、両者の合計額が一定の水準になると年金額の調整が行われます。これを在職老齢年金（166ページ）といいます。在職老齢年金は、厚生年金の被保険者（第２号被保険者）に対して行われる制度であるため、在職老齢年金の調整を免れるため、社会保険に加入しないように働くことも可能です。つまり、勤務時間と勤務日数が正規社員の４分の３未満にするという働き方です。一方で、勤務時間や日数を減らしたことで給与所得が減ることを考慮しておく必要があります。

5 雇用延長や退職と関わる年金制度について知っておこう

社会保障として年金制度がある

年金にはどんな種類があるのか

雇用延長すると、労働者によっては働きながら年金をもらうというケースも生じます。雇用延長後の労働条件について労働者が受給する年金額を考えて調整するケースも出てくるでしょう。

年金制度は誰が管理・運営するかによって、①公的年金、②企業年金、③個人年金の３つに分けることができます。この３つの年金のうち、国が管理・運営する年金のことを公的年金といいます。公的年金は、老齢、障害、死亡といった事由に対して給付を行っています。公的年金には、①国民年金、②厚生年金保険、の２つの制度があり、20歳以上のすべての国民がどれかに加入しています。

年金制度のしくみ

わが国の年金制度は３段階の構造になっています。まず、土台として基礎年金（国民年金）があります。強制加入となっていて、20歳以上60歳未満の国民はすべて国民年金に加入し、保険料を納付しなければなりません（原則）。これに上乗せする形で厚生年金があり、さらにその上に厚生年金基金などがあります。国民年金加入者は、任意で国民年金基金に加入することができます。

厚生年金には、厚生年金の強制適用事業所に勤める会社員や公務員が加入します。公務員については共済年金に加入していましたが、平成27年10月からは厚生年金に一元化されました。公的年金制度は、国民年金（基礎年金）をすべての人が加入する年金制度として位置付けているため、厚生年金の加入者は、国民年金についても被保険者（第

２号被保険者）として扱われることになります。

国民年金だけに加入している人を第１号被保険者、厚生年金の加入者を第２号被保険者、第２号被保険者に扶養されている配偶者を第３号被保険者といいます。第３号被保険者は保険料の負担なしに最低限の年金保障を受けることができるもので、おもに会社員・公務員世帯の専業主婦（または主夫）が対象となります。

確定拠出年金などで老後に備える

会社によっては、年金制度の３階部分に該当する厚生年金基金や確定給付企業年金、確定拠出年金（企業型）を行っています。いずれも、会社と被保険者が保険料を折半し、老後の年金額の増加を目的に実施されています。確定拠出年金（個人型）は、会社に雇用されている第２号被保険者だけでなく、第１号被保険者や第３号被保険者も加入することができます。iDeCoと呼ばれ、さまざまな金融機関などで加入することができます。

これらの３階部分に該当する年金制度は、保険料が全額、所得控除され、受け取る場合には、退職所得控除や公的年金等控除の対象になるため節税のメリットがあります。

退職者はどの年金保険制度に加入するのか

このように、日本の年金制度は基礎年金部分を土台として、２階部分に厚生年金が位置付けられています。会社員は厚生年金の被保険者ですから、国民年金の第２号被保険者として扱われます。退職後どの公的年金に加入するかは退職後の身の振り方で決まります。

①　第１号被保険者になる場合

退職して、無職あるいは起業により自営業者になる場合、労働時間などが短くなり社会保険の加入条件（154ページ）を満たさない場合には、厚生年金を脱退して国民年金に加入することになります。

② 引き続き第２号被保険者でいる場合

退職後、再雇用された場合や70歳まで今まで通り働き続ける場合、引き続き第２号被保険者となります。この場合、会社は同日得失の手続き（152ページ）を行う必要があります。

③ 第３号被保険者になる場合

退職して、所得が扶養の範囲内である場合、夫（妻）の被扶養者になることが可能です。結婚して専業主婦になる場合が典型例ですが、男性が第３号被保険者になることももちろん可能です。第１号被保険者や第３号被保険者の年齢要件は60歳未満であるため定年退職後に、これらの被保険者に該当することは、任意加入被保険者（175ページ）

■ ３階建ての年金の構造

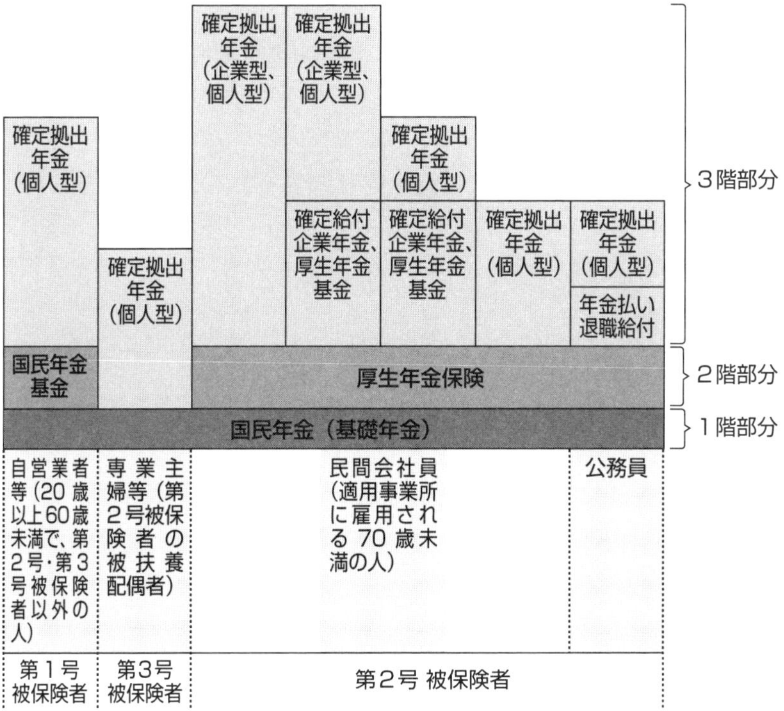

となる場合に限られ、少ないといえます。

加入期間は10年以上必要である

老後に年金を受給するためには年金制度の加入期間が最低でも10年以上なければなりません。10年を下回ると、老後になっても年金を1円も受給できないのです。ただし、老齢給付の「10年」という期間はあくまでも原則で、年金制度の変遷により損をする人がでないようにするために、生年月日ごとにいくつもの経過措置（制度の導入・改正により不利になる人が出ないようにするための特別の措置）が用意されています。

老齢基礎年金のしくみ

老齢基礎年金は国民年金から支給される年金で、老齢給付の土台となる年金です。10年以上の加入期間（経過措置あり）で受給資格を得たすべての者に支払われます。

① 受給額

老齢基礎年金の年金額は、「何か月保険料を払ったか」で決まります。20歳から60歳まで、40年間のすべての月の保険料を払った場合が満額で、１年につき78万1700円（令和２年度の額）がもらえます。

② 支給時期

老齢基礎年金は、本来65歳から支給されるものです。しかし、希望することで支給時期を60歳～64歳までの間で早めにしたり、66歳～70歳の間で遅くしたりすることができます。受給開始を早めることを繰上げ支給といい、支給額は減額されます。逆に、支給時期を遅くすることを繰り下げ支給といい、支給額は増額されます。減額や増額は終身続くことになります。

なお、繰り下げ年齢は法改正により75歳まで拡大することが予定されています（118ページ）。

6 もらえる老齢厚生年金のしくみを理解しよう

給料が高かった人ほどたくさん老齢厚生年金をもらえる

老齢厚生年金のしくみ

会社員はほとんどの場合、厚生年金に加入することになるので、老後は老齢基礎年金に加えて老齢厚生年金を受給することができます。

① 65歳を境に２つに分かれる

老齢厚生年金は、60歳から受給できる60歳台前半の老齢厚生年金（特別支給の老齢厚生年金）と65歳から受給する本来の老齢厚生年金の２つに分けて考える必要があります。老齢基礎年金の受給資格期間（10年間）を満たした人で、厚生年金の加入期間が１か月以上ある人は１階部分の老齢基礎年金とあわせて、本来の老齢厚生年金をもらうことができます。ただし、60歳台前半の老齢厚生年金を受給するためには厚生年金の加入期間が１年以上あることが必要です。

② 支給額

65歳からもらえる本来の老齢厚生年金の支給額は老齢基礎年金と異なり、納めた保険料の額で決まります。つまり、現役時代に給料が高かった人ほどたくさん老齢厚生年金をもらえるしくみになっています。

一方、60歳台前半でもらう老齢厚生年金については、65歳からの老齢基礎年金に相当する部分（定額部分）については、納付月数に応じて、65歳からの老齢厚生年金に相当する部分（報酬比例部分）については、現役時代の給料を基に支給額が決められることになります。

③ 支給時期

60歳台前半の老齢厚生年金の支給時期は段階的に遅くなっており（164ページ）、男性の場合、昭和36年４月２日以降生まれ、女性の場合、昭和41年４月２日以降生まれの人は60歳台前半の老齢厚生年金を受け取ることができなくなります。そのため、これらの人は65歳からの老齢厚生年金を繰り上げて受給することが可能です。また、65歳からの老齢厚生年金を繰り下げて65歳以降に受給することも可能です。

もらえる特別支給の老齢厚生年金の金額

60歳から65歳までの間に支給される特別支給の老齢厚生年金については定額部分と、報酬比例部分を分けて金額を計算します。

① 定額部分

定額部分の金額は以下の計算式で求めます。

定額部分の金額 = 1,630円 × 生年月日に応じた率 × 加入月数

老齢基礎年金と同様に、加入月数が多いほど受給金額が多くなるしくみとなっており、現役時代の収入の多寡は影響しません。生年月日に応じた率は、生年月日が昭和21年４月２日以降であれば「１」です。

② 報酬比例部分

報酬比例部分の算出方法をもっともシンプルに表すと以下のようになります。

報酬比例部分の金額 = 平均標準報酬額 × 加入月数 × 乗率

平均標準報酬額とは、各月の標準報酬月額の総額と標準賞与額の総額を、加入期間で割って得た額です。このように、報酬比例部分は、現役時代の給料が多いほど金額が増えるしくみとなっています。

ただ、実際のところ、報酬比例部分の計算は上記の数式のように単純ではなく、非常に複雑です。その理由としては、平成15年４月から導入された総報酬制（賞与にも月給と同じ保険料率が課せられる制度）により、保険料を徴収するベースが増えるため、平成15年４月を基準に異なる乗率を用いる点や、年金制度の改正のためにもらえる年金が減額されないように、以前の年金額を使ってよいというしくみが導入されている点が挙げられます（従前額保障）。

③　**加給年金部分**

定額部分や報酬比例部分に加えて、配偶者や子の生計を維持している場合には、その人数に応じて加給年金額が上乗せされます。

老齢厚生年金の受給額

65歳からの本来の厚生年金の受給額は前述の特別支給の老齢厚生年金報酬比例部分の計算式と同様です。また、65歳以降は定額部分の代わりに老齢基礎年金が支給されます。この際、定額部分の額が老齢基礎年金より多い場合があり、この差額を支給する制度が経過的加算です。特別支給の老齢厚生年金と同様に加給年金も支給されます。

■ 老齢厚生年金のしくみ

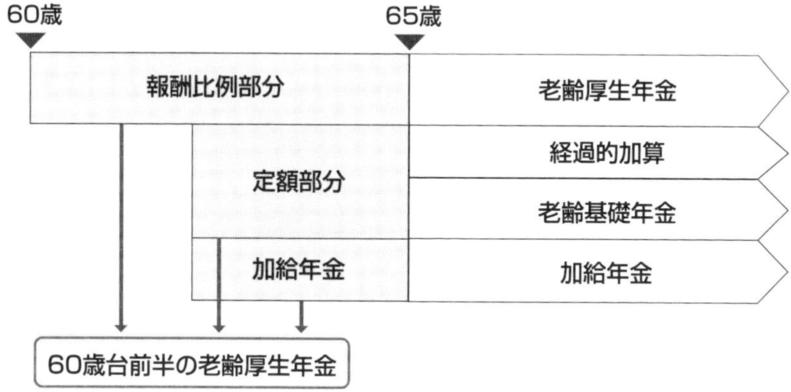

7 老齢厚生年金の支給開始時期について知っておこう

将来は完全に65歳からの支給になる

支給時期は今後65歳になる

もともと厚生年金保険は60歳（女性は55歳）から支給されていましたが、昭和61年の改正で、すべての年金の支給開始年齢を国民年金の支給開始年齢である65歳に合わせることにしました。

ただ、いきなり65歳にしてしまうのではなく、生年月日によって若くなるほど段階的に年金支給時期を遅らせていき、最終的には2026年（女性は2031年）に厚生年金保険、国民年金ともに65歳からの支給となる予定です。この段階的に減らされていく、65歳前に支給される厚生年金のことを**特別支給の老齢厚生年金**といいます。

特別支給の老齢厚生年金は原則として報酬額に関係のない定額部分と報酬額によって受給額が変わってくる報酬比例部分という２つの部分で成り立っています。まず、定額部分の支給を段階的に遅らせて、それが完了したら今度は報酬比例部分の支給を段階的に遅らせるという方法で減らしていきます。

なお、女性は男性より５年遅れのスケジュールとなっています。これは、以前女性の年金が男性より５年早い55歳から支給されはじめていたことに配慮したものです。

また、厚生年金保険の障害等級３級以上に該当する者や、44年以上の長期にわたって厚生年金保険に加入している者は、特例として、60歳以降に「報酬比例部分」を受給できる場合、「定額部分」も合わせてもらえることになっています。

■ 年金の支給開始時期

定額部分の支給開始時期引上げスタート
男性
女性
60歳
65歳
昭和16.4.1以前生まれ
昭和21.4.1以前生まれ
報酬比例部分
定額部分
老齢厚生年金
老齢基礎年金
61歳
65歳
昭和16.4.2〜昭和18.4.1生まれ
昭和21.4.2〜昭和23.4.1生まれ
報酬比例部分
定額部分
老齢厚生年金
老齢基礎年金
62歳
65歳
昭和18.4.2〜昭和20.4.1生まれ
昭和23.4.2〜昭和25.4.1生まれ
報酬比例部分
定額部分
老齢厚生年金
老齢基礎年金
63歳
65歳
昭和20.4.2〜昭和22.4.1生まれ
昭和25.4.2〜昭和27.4.1生まれ
報酬比例部分
定額部分
老齢厚生年金
老齢基礎年金
64歳
65歳
昭和22.4.2〜昭和24.4.1生まれ
昭和27.4.2〜昭和29.4.1生まれ
報酬比例部分
定額部分
老齢厚生年金
老齢基礎年金
65歳
昭和24.4.2〜昭和28.4.1生まれ
昭和29.4.2〜昭和33.4.1生まれ
報酬比例部分
老齢厚生年金
老齢基礎年金
報酬比例部分の支給開始時期引上げスタート
61歳
65歳
昭和28.4.2〜昭和30.4.1生まれ
昭和33.4.2〜昭和35.4.1生まれ
報酬比例部分
老齢厚生年金
老齢基礎年金
62歳
65歳
昭和30.4.2〜昭和32.4.1生まれ
昭和35.4.2〜昭和37.4.1生まれ
報酬比例部分
老齢厚生年金
老齢基礎年金
63歳
65歳
昭和32.4.2〜昭和34.4.1生まれ
昭和37.4.2〜昭和39.4.1生まれ
報酬比例部分
老齢厚生年金
老齢基礎年金
64歳
65歳
昭和34.4.2〜昭和36.4.1生まれ
昭和39.4.2〜昭和41.4.1生まれ
報酬比例部分
老齢厚生年金
老齢基礎年金
65歳
昭和36.4.2以降生まれ
昭和41.4.2以降生まれ
老齢厚生年金
老齢基礎年金

8 老齢厚生年金の受給額が調整されることもある

他に収入がある場合、年金額が減額されることもある

高年齢者が働いている場合

老齢厚生年金はもらい過ぎにならないように、他の給付との間で、受給額を調整するしくみが整えられています。年金受給者がまだ会社などで働いていて給与を得ている場合など、年金受給者に収入がある場合、その人の給与収入に応じて減額されます。これを**在職老齢年金**といいます。在職老齢年金は「60歳から64歳まで」と、「65歳以降」とで計算式が異なります。

なお、収入の少ない妻や子がいる場合に、老齢厚生年金に付加して支給される加給年金という手当の金額は働いていても減額されません。ただし、在職老齢年金の調整により年金額がゼロになる場合は、加給年金も支給されません。

在職老齢年金による老齢厚生年金の減額を避けたい場合には、厚生年金の被保険者にならないように、厚生年金の適用されない事業所で働く、正社員の４分の３未満の労働日数・労働時間で働く、個人事業主になる、といった形態で働くのがよいでしょう。

60歳台前半の在職老齢年金のしくみ

60歳代前半の在職老齢厚生年金のしくみは、基本月額と総報酬月額相当額の合計額が28万円を超えているかと、総報酬月額相当額が47万円を超えているかを基にして判断します。基本月額とは、受給している老齢厚生年金額（加給年金を除く）を12で割った月額換算した額のことです。総報酬月額相当額とは、年金受給者が勤務先から受け取る賃金と過去１年間に受け取った賞与の合計額を12で割った額のことです。

年金受給者が働いていても基本月額と総報酬月額相当額の合計額が28万円に達するまでは年金の全額が支給されます。

基本月額と総報酬月額相当額の合計額が28万円を上回る場合は、下図のような計算式で年金額が調整されます。

60歳から64歳までの在職老齢年金については、収入によっては全額カットされる可能性もあります。

60歳代前半の老齢厚生年金は具体的にどの程度減額されるのか

基本月額と総報酬月額相当額の合計が28万円以下の場合は減額されることなく全額支給されます。総報酬月額相当額と基本月額の合計額が28万円を上回る場合は、総報酬月額相当額が47万円以下か、47万円を上回っているかによって、減額のされ方が異なります。

■ 60歳台前半の在職老齢年金のしくみ

総報酬月額相当額と基本月額の合計額が28万円以下である	→	老齢厚生年金が全額支給される（支給停止されない）
総報酬月額相当額が47万円以下である	基本月額が28万円以下である →	各月の支給停止額 ＝「（総報酬月額相当額＋基本月額－28 万円）÷ 2」の額
	基本月額が28万円を超える →	各月の支給停止額 ＝「総報酬月額相当額 ÷ 2」の額
総報酬月額相当額が47万円を超える	基本月額が28万円以下である →	各月の支給停止額 ＝「（47万円＋基本月額－28万円）÷2＋（総報酬月額相当額－47 万円）」の額
	基本月額が28万円を超える →	各月の支給停止額＝「47 万円 ÷2＋（総報酬月額相当額－47 万円）」の額

総報酬月額相当額が47万円以下の場合で基本月額が28万円以下の場合、総報酬月額相当額と基本月額の合計額から28万円を差し引いた額の２分の１が減額されます。

［(総報酬月額相当額＋基本月額－28万円）÷２］。

総報酬月額相当額が47万円以下の場合で基本月額が28万円を上回る場合、総報酬月額相当額の２分の１が減額されます。

［総報酬月額相当額÷２］。

総報酬月額相当額が47万円を上回り、基本月額が28万円以下の場合、47万円と基本月額の合計額から28万円を差し引いた額の２分の１と総報酬月額相当額から47万円を差し引いた額の合計が減額されます。

［(47万円＋基本月額－28万円）÷２＋（総報酬月額相当額－47万円)］。

総報酬月額相当額が47万円上回っていて基本月額が28万円を上回る場合は、47万円の２分の１、つまり23万5,000円と総報酬月額相当額から47万円を差し引いた額の合計が減額されます。

［47万円÷２＋（総報酬月額相当額－47万円)］。

以下、ケースごとに見ていきましょう。

・総報酬月額相当額が12万円、基本月額が14万円の場合

基本月額と総報酬月額相当額の合計が28万円以下なので減額されません。

・総報酬月額相当額が20万円、基本月額が14万円の場合

（総報酬月額相当額（20万円）＋基本月額（14万円）－28万円）÷２

＝（34万円－28万円）÷２

＝30,000円が減額されます。

・総報酬月額相当額が10万円、基本月額が30万円の場合

総報酬月額相当額（10万円）÷２

＝50,000円が減額されます。

・総報酬月額相当額が48万円、基本月額が26万円の場合

（47万円＋基本月額（26万円）－28万円）÷２＋（総報酬月額相当

額（48万円）－47万円）
＝（73万円－28万円）÷２＋１万円
＝235,000円が減額されます。

・総報酬月額相当額が48万円、基本月額が30万円の場合

47万円÷２＋（総報酬月額相当額（48万円）－47万円）
＝23万5,000円＋１万円
＝245,000円が減額されます。

60歳代後半の在職老齢年金のしくみ

60歳代後半の在職老齢年金の調整のしくみは60歳台前半の在職老齢年金とは異なり、基本月額と総報酬月額相当額との合計が47万円を超える場合に、その超えた分の半額に相当する年金額の支給が停止されます。厚生年金の被保険者は原則として70歳未満の者ですが、70歳を過ぎても厚生年金が適用される事業所に雇用され、健康保険の被保険者となっている場合には同様のしくみで年金額が調整されます。「65歳以降」の在職老齢年金については給与収入がある場合に支給が停止されるのは老齢厚生年金だけであり、老齢基礎年金の方は全額が支給されます。

60歳代後半の老齢厚生年金は具体的にどの程度減額されるのか

基本月額と総報酬月額相当額との合計が47万円以下の場合は減額されることなく全額支給されます。総報酬月額相当額と基本月額の合計額が47万円を上回る場合は、総報酬月額相当額と基本月額の合計額から47万円を差し引いた額の２分の１が減額されます。

［（総報酬月額相当額＋基本月額－47万円）÷２］。

以下、ケースごとに見ていきましょう。

・総報酬月額相当額が18万円、基本月額が24万円の場合

基本月額と総報酬月額相当額の合計が47万円以下なので減額されません。

・**総報酬月額相当額が32万円、基本月額が24万円の場合**

（総報酬月額相当額（32万円）＋基本月額（24万円）－47万円）÷２

＝（56万円－47万円）÷２

＝45,000円　が減額されます。

60歳代前半の在職老齢年金の見直しが行われる（令和４年４月）

60歳代前半の在職老齢年金では、基本月額と総報酬月額相当額が28万円を超えると、年金額が調整されるため、受給者が自ら労働時間や労働日数を減らすことで28万円を超えないように労働時間などを調整することがあります。

在職老齢年金は、受給者にとって、働けば働くほど年金が減らされるしくみのため、働く意欲が向上しません。また、企業にとっても60歳代前半はまだまだ働ける能力、体力があるにもかかわらず、年金のために受給者自身の考えで労働調整が行われると、人手不足の現状で新たな労働力の確保にコストがかかることになってしまいます。

このような問題の解決策として、60歳代前半の在職老齢年金制度の見直しが令和４年４月から施行されます。具体的には、現在、28万円となっている60歳代前半の在職老齢年金の支給停止基準額を47万円に引き上げることになります。これにより、60歳代後半の在職老齢年金の基準額に統一されることになりました。

企業にとって、このような改正は労働力の確保という意味では歓迎されることになるでしょう。一方で、日本では定年後の賃金の引き下げが当たり前のように行われてきました。労働者が賃金の引き下げを許容する理由として、在職老齢年金の支給停止基準額が28万円であることが挙げられます。賃金と年金の合計額が28万円以上から調整されるのであれば、賃金の減額も仕方ないと割り切れる部分がありました。しかし、今回の改正でそれが47万円に引き上げられることになると、定年後の賃金の減額に納得感がなくなってしまう可能性があります。さらに、同一賃金同一労働（90ページ）や高年齢雇用継続給付の縮小（115ページ）もあり、企業にとっては、定年後に賃金を引き下げることが今まで以上に難しくなることが考えられます。

繰り下げ支給と老齢年金

昭和16年4月2日以後に生まれた人が、66歳に達した日以後に老齢基礎年金の支給の繰下げを申し出た場合、月単位で年金額の増額が行われ、その増加率は一生変わりません。増加率は、65歳に達した月から繰下げを申し出た月の前月までの月数に0.007を掛けた率です。たとえば令和2年1月に65歳に達した人が令和3年1月からの支給を申し出た場合、令和2年1月から令和3年1月までの前月つまり令和2年12月までの12か月に0.007を掛けた0.084、パーセント表示にすると8.4％の増額となります。

一方、老齢厚生年金について、昭和17年4月2日以後に生まれた人は、66歳に達した日以後に支給の繰下げの申出ができます。ただし、65歳に達した日から66歳の誕生日の前日までの間に、障害厚生年金、遺族厚生年金などの年金を受ける権利を有したことがあるときは、繰下げ支給の申出はできません。なお、繰下げによる増加率は、老齢基礎年金と同様に繰下げ月数に0.007（0.7％）を掛けた率になります。

■ 60歳代後半の在職老齢年金のしくみ

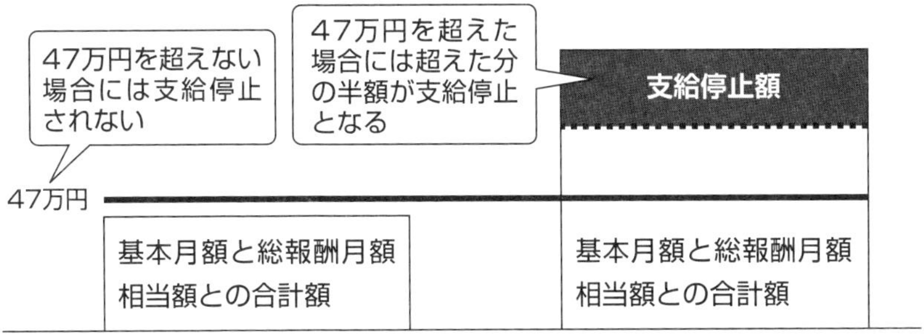

注意したいのが、基本月額と総報酬月額相当額の合計が47万円を超える場合は、在職老齢年金の一部または全部が支給停止になるという点です。本来であれば、老齢厚生年金の満額に繰り下げ月数に応じた増加率（0.007×繰下げ月数）を掛けて計算するところですが、働きながら年金を受け取る場合には、在職老齢年金として減額された年金額に、繰り下げ月数に応じた増加率を掛けます。前述した例によりますと以下のようになります。

総報酬月額相当額が32万円、基本月額が24万円の場合基本月額が4万5,000円減額されます。65歳以後に働いていない場合は、基本月額が24万円ですから、1年（12か月）繰り下げると、240,000×108.4％で260,160円となります。一方、働いて総報酬月額相当額が32万円ある場合は、基本月額が19万5,000円になりますので、195,000×108.4％で211,380円となります。

総報酬月額相当額が32万円、基本月額が24万円の場合で12か月繰下げ受給した場合の計算式は下記のようになります。

（総報酬月額相当額（32万円）＋基本月額（24万円）－47万円）÷2

＝（56万円－47万円）÷2

＝45,000円

240,000円－45,000円＝195,000円

基本月額のベースは195,000円となります。

これに0.007に繰下げ月数を掛けた率が加算されます。

195,000円×（0.007×12）＝16,380円が加算され、

195,000円＋16,380円＝211,380円が受給できます。

なお、65歳から支給される経過的加算額については繰下げ受給をすることで、繰下げ月数に0.007（0.7％）を掛けた率が加算されます。

9 雇用保険の給付と年金額は調整される

両方同時に受給することはできない

雇用保険の高年齢雇用継続給付を受給する場合

60～64歳の人が、60歳時点の給料と比較して75％未満の条件で働く場合、高年齢雇用継続給付（148ページ）を受給することができます。これらの給付金と併せて特別支給の老齢厚生年金が支給される場合は年金額の調整が行われます。具体的には、まず、在職老齢年金のしくみで減額する年金額を決め、その減額された年金額についてさらに高年齢雇用継続給付と調整します。

具体的にどのぐらいの金額が調整されるのか

厚生年金保険の被保険者で、在職老齢年金を受けている方が高年齢雇用継続基本給付金を受給できるときは、最高で標準報酬月額の６％が減額されます。つまり、60～64歳の人が、60歳時点の給料と比較して61％未満の給料となった場合に最大15％の高年齢雇用継続基本給付金が支給されます。この時、在職老齢年金の減額は最大となり、標準報酬月額の６％が減額されます。

再雇用後の給料が61％～75％の場合、高年齢雇用継続基本給付金の支給率は逓減していき、75％以上のときは支給されません。

一方、在職老齢年金の減額率も６％から逓減していき、高年齢雇用継続給付金が支給されないときに減額率も０になります。

たとえば60歳時点の給料が50万円の人がその後25万円の給料で働く場合は、賃金は61％未満となりますので、高年齢雇用継続基本給付金は25万円の15％の37,500円支給されます。一方、在職老齢年金はこの場合、標準報酬月額の６％が減額されます。25万円の賃金の標準報酬月額は240,000円ですから、240,000円の６％の金額（14,400円）が減額されます。

250,000円×15％＝37,500円（高年齢雇用継続基本給付金の支給）

240,000円×６％＝14,400円（在職老齢年金の減額）

差引23,100円の収入増となります。

なお、在職老齢年金ですから、基本月額と総報酬月額相当額の合計額により、別途、年金が調整されます。

雇用保険の基本手当を受給する場合

老齢厚生年金の受給権は、早ければ60歳で発生しますが、再雇用などにより60歳を過ぎても働く場合、年金とともに、雇用保険の失業手当を受給することができる人がいます。ただ、年金は働かないことを前提としているのに対し、雇用保険の手当は働くことを前提としているため、両方受給できる者については、どちらか一方しか受給することができないしくみとなっています。

具体的には、雇用保険の基本手当をもらっている間は月単位で老齢厚生年金がストップするというしくみになっています。ただ、雇用保険の基本手当が１日でも支給された月について全額老齢厚生年金の支給を停止するとなると、逆に止めすぎという事態も生じえます。そのため、過度に停止した分については、下記の計算式により後日支給してもらえるようになっています。

支給停止解除月数＝支給停止月－（基本手当の支給対象となった日数÷30）

たとえば、支給停止月数が５か月で、基本手当の支給対象となった日数が100日であった場合、支給停止解除月数は２か月（１未満の端数は繰り上げ）となり、２か月分の老齢厚生年金が支給されます。

10 60歳を過ぎても年金に加入できる制度を知っておこう

任意加入制度や高齢任意加入制度を利用する

加入期間が足りない人は期間を補うことができる

継続雇用により、60歳以降も勤務することになったとしても、65歳以降は、年金生活を想定している人も多いでしょう。

老齢基礎年金は、受給するために最低限加入することが必要な期間（受給資格期間）が10年とされており、最低でも10年加入して保険料を納付するか免除等の手続をしないと年金を１円も受け取れないしくみになっています。

ただ、保険料を納付した期間、免除してもらった期間、カラ期間（受給資格期間としてはカウントするが、年金額には反映されない期間のこと）をあわせても10年にならない場合でも、まだ年金を受給できないことが確定したわけでありません。

60歳以降、年金をもらう資格ができるまで国民年金に加入できる制度があるからです。20歳から60歳までは国民年金は強制加入ですが、60歳以降は自分から申し出て、引き続き国民年金に加入するため、この制度のことを任意加入制度といいます。任意加入制度には次の２種類があります。

①　任意加入

年金をもらうための資格期間が足りない人、または最低資格期間の10年は満たしたが、年金額をもっと増やしたいという60歳以上65歳未満の人が加入できます。たとえば60歳までに36年分の加入期間しかない人は60歳になって以降４年間任意加入することで、年金額を40年間の満額にすることができます。

②　特例任意加入

年金をもらうための資格期間が足りない人だけが加入でき、年金をもらう資格ができるとそこで終わりになる制度です。昭和40年４月１日以前に生まれた65歳以上70歳未満の人で、日本国内に住所がある人や日本国内に住所はないが、日本国籍をもつ人が加入できます。

70歳を過ぎて厚生年金に加入することができる

自営業者ではなく、会社員であれば厚生年金保険の加入者になります。厚生年金の場合、国民年金とは異なり、70歳まで強制加入することになります。また、70歳になっても10年の加入期間という要件を満たしていない場合には、70歳後も引き続き厚生年金に加入できる「高齢任意加入」という制度を利用することができます。保険料については、事業主がこれまで通り保険料を半額負担してくれることに同意してくれた場合には保険料の半額を負担すればよいのですが、事業主が同意しなかった場合には高齢任意加入制度を利用する高年齢者が保険料を全額自己負担しなければなりません。

■ 60歳を過ぎて年金に加入する方法

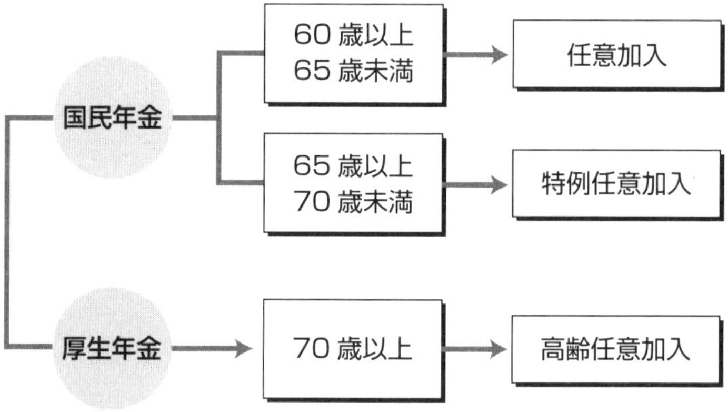

第7章

高年齢者雇用に関する
雇用保険・社会保険の
手続き

1 60歳以降に賃金が低下したときの手続き

初回の申請後、2か月に1回手続きを行う

60歳到達時の賃金を登録しておく

継続雇用制度により、60歳以降も勤務する場合であっても、60歳以前と比べて賃金が下がることになるケースが多いでしょう。60歳以上65歳未満までの雇用保険被保険者が一定の要件を満たした場合、被保険者に給付金が支給されます。その手続きの一環として60歳到達時点の賃金を登録しておく必要があります。

【申請手続】

高年齢雇用継続給付支給申請書（初回の申請時の場合、高年齢雇用継続給付受給資格確認票・（初回）高年齢雇用継続給付支給申請書）と、払渡希望金融機関指定届を事業所の所在地を管轄する公共職業安定所に提出します。初回の支給申請期限は、最初に支給を受けようとする支給対象月（受給要件を満たし、給付金の支給の対象となった月のこと）の初日から起算して４か月以内です。その後は、原則として２か月に一度、支給申請書を提出します。

【添付書類】

雇用保険被保険者六十歳到達時等賃金証明書、賃金台帳、労働者名簿、出勤簿など（賃金証明書の記載内容を確認できる書類）、運転免許証か住民票の写しなど（被保険者の年齢が確認できる書類）

【ポイント】

・賃金月額証明書の２枚目には事業主欄の横に捨印を押します。
・賃金月額証明書の２枚目に本人の確認印が必要です。
・賃金月額証明書の提出と同時に高年齢雇用継続給付受給資格確認票も提出することになります。

様式第33号の3（第101条の5、第101条の7関係）（第1面）

高年齢雇用継続給付受給資格確認票・（初回）高年齢雇用継続給付支給申請書

（必ず第２面の注意書きをよく読んでから記入してください。）

帳票種別　14300

1. 個人番号　111122223333

2. 被保険者番号　5018－123223－4

3. 資格取得年月日　3－540501（元号 年 月 日）（3 昭和　4 平成　5 令和）

4. 事業所番号　1305－706123－4

5. 給付金の種類　1（1 基本給付金　2 再就職給付金）

＜賃金支払状況＞

6. 支給対象年月その１　5－0109（元号 年 月）

7. 6欄の支給対象年月に支払われた賃金額　210000 円

8. 賃金の減額のあった日数　0 日

9. みなし賃金額　　円

10. 支給対象年月その２　5－0110（元号 年 月）

11. 10欄の支給対象年月に支払われた賃金額　150000 円

12. 賃金の減額のあった日数　0 日

13. みなし賃金額　　円

14. 支給対象年月その３　－（元号 年 月）

15. 14欄の支給対象年月に支払われた賃金額　　円

16. 賃金の減額のあった日数　　日

17. みなし賃金額　　円

※公共職業安定所記載欄

60歳到達時等賃金登録欄

18. 賃金月額（区分－日額又は総額）　－　円（1 日額　2 総額）

19. 登録区分

20. 基本手当の受給資格

21. 定年等修正賃金登録年月日　－（元号 年 月 日）

高年齢雇用継続給付受給資格確認票項目記載欄

22. 受給資格確認年月日　－（元号 年 月 日）

23. 支給申請月（1 奇数月　2 偶数月）

24. 次回（初回）支給申請年月日　－（元号 年 月 日）

25. 支払区分

26. 金融機関・店舗コード　－　口座番号

27. 未支給区分（空欄 未支給以外　1 未支給）

（この用紙は、このまま機械で処理しますので、汚さないようにしてください。）

その他賃金に関する特記事項

28.	29.	30.

上記の記載事実に誤りのないことを証明します。

事業所名（所在地・電話番号）　東京都港区三田7－6－11

令和　1年11月10日　　事業主氏名　㈱エービーシー　代表取締役　佐藤一郎　印

上記のとおり高年齢雇用継続給付の受給資格の確認を申請します。

雇用保険法施行規則第101条の５・第101条の７の規定により、上記のとおり高年齢雇用継続給付の支給を申請します。

令和　1年11月10日　　公共職業安定所長　殿

住所

申請者氏名《フリガナ》　神戸《カンベ》　和夫《カズオ》　印

払渡希望金融機関指定届					金融機関コード	店舗コード	金融機関による確認印
払渡希望金融機関	フリガナ	トウトギンコウ　ネリマ					
	名称	東都銀行　練馬		本店・(支店)	0123	157	
	銀行等（ゆうちょ銀行以外）	口座番号	（普通）	3456789			
	ゆうちょ銀行	記号番号	（総合）	－			

◆ 金融機関へのお願い

雇用保険の失業等給付を受給者の金融機関口座へ迅速かつ正確に振り込むため、次のことについて御協力をお願いします。

1. 上記の記載事項のうち「申請者氏名」欄、「名称」欄及び「銀行等（ゆうちょ銀行以外）」の「口座番号」欄（「ゆうちょ銀行」の「記号番号」欄）を確認した上、「金融機関による確認印」欄に貴金融機関確認印を押印してください。
2. 金融機関コード及び店舗コードを記入してください（ゆうちょ銀行の場合を除く。）。

備考						
賃金締切日	日	賃金支払日	当月・翌月　日	賃金形態	月給・日給・時間給・	
所定労働日数	6欄　日		10欄　日		14欄　日	
通勤手当	有（毎月・３か月・６か月・　　）・無					

※処理欄	
資格確認の可否	可・否
年齢確認書類	住・免・（　　）
資格確認年月日	令和　年　月　日
通知年月日	令和　年　月　日

社会保険労務士記載欄	作成年月日・提出代行者・事務代理者の表示	氏名	電話番号
		印	

※所長	次長	課長	係長	係	操作者

2019. 5

書式　雇用保険被保険者六十歳到達時等賃金証明書

雇用保険被保険者六十歳到達時等賃金証明書（事業主控）

① 被保険者番号	5018-123223-4	③ フリガナ	カンベ　カズオ
② 事業所番号	1305-706123-4	60歳に達した者の氏名	神戸　和夫
④ 事業所 名称 / 所在地 / 電話番号	株式会社 エービーシー 東京都港区三田7-6-11 03-4321-0123	⑤ 60歳に達した者の住所又は居所	〒171-0001 東京都練馬区練馬1-2-3 電話番号（03）5757-1234
⑥ 60歳に達した日等の年月日	令和 1 年 8 月 11 日	⑦ 60歳に達した者の生年月日	昭和 34 年 8 月 12 日

事業主　住所　東京都港区三田7-6-11
　　　　　　　株式会社 エービーシー
　　　　氏名　代表取締役 佐藤一郎　（代表者印）

60歳に達した日等以前の賃金支払状況等

⑧ 60歳に達した日等に離職したとみなした場合の被保険者期間算定対象期間（60歳に達した日等の翌日 8月12日）	⑨ ⑧の期間における賃金支払基礎日数	⑩ 賃金支払対象期間	⑪ ⑩の基礎日数	⑫ 賃金額 Ⓐ	⑫ 賃金額 Ⓑ	⑫ 賃金額 計	⑬ 備考
7月12日～60歳に達した日等	31日	8月1日～60歳に達した日等	11日	110,000			
6月12日～7月11日	30日	7月1日～7月31日	31日	300,000			
5月12日～6月11日	31日	6月1日～6月30日	30日	300,000			
4月12日～5月11日	30日	5月1日～5月31日	31日	300,000			
3月12日～4月11日	31日	4月1日～4月30日	30日	300,000			
2月12日～3月11日	28日	3月1日～3月31日	31日	300,000			
1月12日～2月11日	31日	2月1日～2月28日	28日	300,000			
12月12日～1月11日	31日	1月1日～1月31日	31日	300,000			
11月12日～12月11日	30日	12月1日～12月31日	31日	300,000			
10月12日～11月11日	31日	11月1日～11月30日	30日	300,000			
9月12日～10月11日	30日	10月1日～10月31日	31日	300,000			
8月12日～9月11日	31日	9月1日～9月30日	30日	300,000			
月　日～　月　日	日	8月1日～8月31日	31日	300,000			

⑭賃金に関する特記事項

六十歳到達時等賃金証明書受理
平成　　年　　月　　日
（受理番号　　　　番）

※公共職業安定所記載欄

注意
1　事業主は、公共職業安定所からこの六十歳到達時等賃金証明書（事業主控）の返付を受けたときは、これを7年間保管し、関係職員の要求があったときは提示すること。
2　六十歳到達時等賃金証明書の記載方法については、別紙「雇用保険被保険者六十歳到達時等賃金証明書についての注意」を参照すること。
3　「60歳に達した日等」とは、当該被保険者の60歳の誕生日の前日又は60歳に達した後に「被保険者であった期間」が通算して5年を満たした日である。

社会保険労務士記載欄	作成年月日・提出代行者・事務代理者の表示	氏名	電話番号
		㊞	

（943）2010.2

2 雇用延長により被保険者から外れる場合の雇用保険の手続き

雇用保険被保険者資格喪失届を提出する

どんな離職理由があるのかをおさえておく

継続雇用制度により、会社に引き続き勤務することになったとしても、雇用保険の被保険者にならない場合（147ページ）には雇用保険上の資格喪失手続きが必要です。従業員が離職したときに雇用保険の資格を喪失させる手続きを行います。おもな離職理由には、①自己都合、②契約期間満了、③定年、④取締役就任、⑤移籍出向、⑥解雇、があります。

離職者が雇用保険の失業給付を受けるために離職票の交付を希望したときは、この資格喪失届に加えて雇用保険被保険者離職証明書（185～186ページ）を作成します。

【届出】

離職した日の翌日から10日以内に管轄の公共職業安定所へ届け出ます。

【添付書類】

原則として雇用保険被保険者離職証明書を添付します。本人が離職票の交付を希望しないときは添付する必要がありません。ただ、59歳以上の人の場合は必ず離職証明書を添付します。その他の添付書類には、①労働者名簿、②出勤簿、③賃金台帳、などがあります。

【ポイント】

離職理由によっては事実確認のための書類の提出が必要になることがあります。

書式　雇用保険被保険者資格喪失届

様式第4号　（移行処理用）　雇用保険被保険者　資格喪失届　~~氏名変更届~~　標準字体 0 1 2 3 4 5 6 7 8 9

（必ず第２面の注意事項を読んでから記載してください。）

※ 帳票種別　1519　（0 氏名変更届　1 資格喪失届）

1. 個人番号　234567890123

2. 被保険者番号　5018－135246－1

3. 事業所番号　1306－789123－4

4. 資格取得年月日　4－260801（3 昭和　4 平成　5 令和）　元号　年　月　日

5. 離職等年月日　5－020320　元号　年　月　日

6. 喪失原因　2（1 離職以外の理由　2 3以外の離職　3 事業主の都合による離職）

7. 離職票交付希望　1（1 有　2 無）

8. １週間の所定労働時間　4000　時間　分

9. 補充採用予定の有無　1（空白 無　1 有）

10. 新氏名

フリガナ（カタカナ）

※公共職業安定所記載欄

11. 喪失時被保険者種類（3 季節）

12. 国籍・地域コード（17欄に対応するコードを記入）

13. 在留資格コード（18欄に対応するコードを記入）

14欄から18欄までは、被保険者が外国人の場合のみ記入してください。

14. 被保険者氏名（ローマ字）または新氏名（ローマ字）（アルファベット大文字で記入してください。）

被保険者氏名（ローマ字）または新氏名（ローマ字）〔続き〕

15. 在留期間　西暦　年　月　日　まで

16. 派遣・請負就労区分（1 派遣・請負労働者として主として当該事業所以外で就労していた場合　2 1に該当しない場合）

17. 国籍・地域（　）

18. 在留資格（　）

19. （フリガナ）被保険者氏名	加藤《カトウ》　聡《サトシ》	20. 性別　(男)・女	21. 生年月日　（大正 (昭和) 平成 令和）49年 10月 3日
22. 被保険者の住所又は居所	足立区足立１－２－３		
23. 事業所名称	株式会社 緑商会	24. 氏名変更年月日	令和　年　月　日
25. 被保険者でなくなったことの原因	転職希望による退職		

雇用保険法施行規則第７条第１項・第14条第１項の規定により、上記のとおり届けます。

令和 2 年 3 月 27日

事業主

住所　〒141－0000　品川区五反田１－２－３

氏名　株式会社　緑商会　代表取締役　鈴木 太郎

記名押印又は署名　印

電話番号　03－3321－1123

品川　公共職業安定所長　殿

社会保険労務士記載欄	作成年月日・提出代行者・事務代理者の表示	氏名	電話番号
		印	

安定所備考欄	

※

所長	次長	課長	係長	係	操作者

確認通知年月日
令和　年　月　日

2019. 5

（この用紙は、このまま機械で処理しますので、汚さないようにしてください。）

3 雇用保険の被保険者にならない場合に作成する離職証明書

離職日の翌日から10日以内に届け出る

退職者が希望したときは離職票を交付する

継続雇用制度により、会社に引き続き勤務することになったとしても、雇用保険の被保険者にならない場合、雇用保険上は「離職」ということになるため、離職証明書を作成することになります。離職票の交付を受けるために作成しなければならない書類が離職証明書です。

離職票に記載されている離職前の賃金額や離職理由は、失業等給付の受給額にも影響してきますので、誤った内容で作成してしまうと、思わぬトラブルが起こることになります。作成時には細心の注意が必要です。離職票の交付を本人が希望しないとき（転職先が決まっているときなど）は作成・届出の必要はありません。ただし、離職者が59歳以上のときは本人の希望にかかわらず作成・届出をしなければなりません。

【届出】

離職日の翌日から10日以内に管轄の公共職業安定所に届け出ます。

【添付書類】

・雇用保険被保険者資格喪失届（前ページ）
・労働者名簿
・賃金台帳
・出勤簿
・退職届のコピー
・解雇通知書　など（離職理由が確認できる書類）

【ポイント】

・離職証明書の⑧欄の被保険者期間算定対象期間は離職日の翌日から

さかのぼって記入します。

・⑩欄の賃金支払対象期間は⑧欄に対応する賃金計算期間を記入します（退職日と賃金計算締切日が同じ場合は⑧欄と同じ日にちを記入することになります）。

・⑨欄と⑪欄の基礎日数を記入する際に、日給者や時間給者の場合、出勤した日数を記入します。月給者の場合、欠勤による減額などがなければ、出勤日数でなく暦日を記入します。

・⑫欄の賃金額は最低６か月以上記入します。

・⑫欄は月給者であればＡ欄に記入し、日給・時間給者であればＢ欄に記入します。

・３枚複写の２枚目の⑮欄と⑯欄には、本人に署名押印してもらいます。本人の署名押印がもらえないときは代表者印を押します。

・２枚目の事業主欄の左側余白部分に捨印を押印します。この捨印がないと、提出時に記入ミスがあった場合に、訂正ができなくなってしまいます。代表者印を持参するのであれば捨印を押す必要はありませんが、代表者印を社外に持ち出すのは紛失の危険を考えるとなかなかできないと思いますので捨印を押すようにしてください。

・備考欄には、離職証明書を提出する時点で、給料計算を行っていない場合に「未計算」と記入します。

【参考】

次ページの書式例では、最後の給料を計算した後に離職証明書を提出しています。ただ、最後の給料計算が終わるのを待っていると離職証明書の提出が遅くなってしまうこともあります。そのため、離職証明書の提出を急がなければならない場合には、最後の給料を「未計算」のまま提出します。ただし、「未計算」と記入して提出した場合、賃金額を確認するため、後日ハローワークから問い合わせを受ける可能性があります。

書式　雇用保険被保険者離職証明書

様式第５号

雇用保険被保険者離職証明書（安定所提出用）

① 被保険者番号	1234-567890-1	③ フリガナ	カトウサトシ	④ 離職年月日	令和 2年 3月 20日
② 事業所番号	1111-111111-1	離職者氏名	加藤聡		
⑤ 名称	株式会社佐藤商事	⑥ 離職者の住所又は居所	〒 120-0123 足立区○○1-2-3 電話番号（03）1234-5678		
事業所 所在地	品川区○○1-1-1				
電話番号	03-1111-1111				

この証明書の記載は、事実に相違ないことを証明します。

事業主　住所　品川区○○1-1-1

氏名　代表取締役　佐藤清　㊞

※離職票交付　平成　年　月　日（交付番号　番）

離職票受領印

⑩　⑨　⑧　⑪　⑫

離職の日以前の賃金支払状況等

⑧ 被保険者期間算定対象期間 Ⓐ 一般被保険者等（離職日の翌日 3月21日）	Ⓑ 短期雇用特例被保険者	⑨ ⑧の期間における賃金支払基礎日数	⑩ 賃金支払対象期間	⑪ ⑩の基礎日数	⑫ 賃金額 Ⓐ	Ⓑ	計	⑬ 備考
2月21日～離職日	離職月	29日	2月21日～離職日	29日	250,000			
1月21日～2月20日	月	31日	1月21日～2月20日	31日	250,000			
12月21日～1月20日	月	31日	12月21日～1月20日	31日	250,000			
11月21日～12月20日	月	30日	11月21日～12月20日	30日	250,000			
10月21日～11月20日	月	31日	10月21日～11月20日	31日	250,000			
9月21日～10月20日	月	30日	9月21日～10月20日	30日	250,000			
8月21日～9月20日	月	31日	8月21日～9月20日	31日	250,000			
7月21日～8月20日	月	31日	7月21日～8月20日	31日	250,000			
6月21日～7月20日	月	30日	6月21日～7月20日	30日	250,000			
5月21日～6月20日	月	31日	5月21日～6月20日	31日	250,000			
4月21日～5月20日	月	30日	4月21日～5月20日	30日	250,000			
3月21日～4月20日	月	31日	3月21日～4月20日	31日	250,000			
月　日～　月　日	月	日	月　日～　月　日	日				

備考欄

⑭ 賃金に関する特記事項

⑮ この証明書の記載内容（⑦欄を除く）は相違ないと認めます。（記名押印又は自筆による署名）

（離職者氏名）加藤　聡　㊞

⑮

※公共職業安定所記載欄

⑮欄の記載　有・無

⑯欄の記載　有・無

資・聴　有・無

社会保険労務士記載欄	作成年月日・提出代行者・事務代理者の表示	氏名	電話番号
		㊞	

※ 所長	次長	課長	係長	係

⑦

⑦**離職理由欄**…事業主の方は、離職者の主たる離職理由が該当する理由を１つ選択し、左の事業主記入欄の□の中に○印を記入の上、下の具体的事情記載欄に具体的事情を記載してください。

【離職理由は所定給付日数・給付制限の有無に影響を与える場合があり、適正に記載してください。】

事業主記入欄	離　　職　　理　　由	※離職区分
	1　事業所の倒産等によるもの	
□	……(1)　倒産手続開始、手形取引停止による離職	1 A
□	……(2)　事業所の廃止又は事業活動停止後事業再開の見込みがないため離職	1 B
	2　定年、労働契約期間満了等によるもの	
□	……(1)　定年による離職（定年　　歳）	2 A
□	……(2)　採用又は定年後の再雇用時等にあらかじめ定められた雇用期限到来による離職	2 B
□	……(3)　労働契約期間満了による離職	2 C
	①　一般労働者派遣事業に雇用される派遣労働者のうち常時雇用される労働者以外の者 （１回の契約期間　　箇月、通算契約期間　　箇月、契約更新回数　　回） （契約を更新又は延長することの確約・合意の　有・無（更新又は延長しない旨の明示の　有・無）） 労働者から契約の更新又は延長 {を希望する旨の申出があった / を希望しない旨の申出があった / の希望に関する申出はなかった} a　労働者が適用基準に該当する派遣就業の指示を拒否したことによる場合 b　事業主が適用基準に該当する派遣就業の指示を行わなかったことによる場合（指示した派遣就業が取りやめになったことによる場合を含む。） （aに該当する場合は、更に下記の４のうち、該当する主たる離職理由を更に１つ選択し、○印を記入してください。該当するものがない場合は下記の５に○印を記入した上、具体的な理由を記載してください。）	2 D 2 E 3 A
	②　上記①以外の労働者 （１回の契約期間　　箇月、通算契約期間　　箇月、契約更新回数　　回） （契約を更新又は延長することの確約・合意の　有・無（更新又は延長しない旨の明示の　有・無）） （直前の契約更新時に雇止め通知の　有・無） 労働者から契約の更新又は延長 {を希望する旨の申出があった / を希望しない旨の申出があった / の希望に関する申出はなかった}	3 B 3 C 3 D 4 D
□	……(4)　早期退職優遇制度、選択定年制度等により離職	5 E
□	……(5)　移籍出向	
	3　事業主からの働きかけによるもの	
□	……(1)　解雇（重責解雇を除く。）	
□	……(2)　重責解雇（労働者の責めに帰すべき重大な理由による解雇）	
	(3)　希望退職の募集又は退職勧奨	
□	……①　事業の縮小又は一部休廃止に伴う人員整理を行うためのもの	
□	……②　その他（理由を具体的に　　　　　　　　　　）	
	4　労働者の判断によるもの	
	(1)　職場における事情による離職	
□	……①　労働条件に係る重大な問題（賃金低下、賃金遅配、過度な時間外労働、採用条件との相違等）があったと労働者が判断したため	
□	……②　就業環境に係る重大な問題（故意の排斥、嫌がらせ等）があったと労働者が判断したため	
□	……③　事業所での大規模な人員整理があったことを考慮した離職	
□	……④　職種転換等に適応することが困難であったため（教育訓練の有・無）	
□	……⑤　事業所移転により通勤困難となった（なる）ため（旧(新)所在地：　　　　）	
□	……⑥　その他（理由を具体的に　　　　　　　　　　）	
□(○)	……(2)　労働者の個人的な事情による離職（一身上の都合、転職希望等）	
□	……5　その他（１－４のいずれにも該当しない場合） （理由を具体的に　　　　　　　　　　）	

具体的事情記載欄（事業主用）

転職希望による自己都合退職

⑯

⑯**離職者本人の判断（○で囲むこと）**

事業主が○を付けた離職理由に異議　有り　(無し)

記名押印又は自筆による署名（離職者氏名）　加藤　聡　㊞

4 給料に大幅な変更があったときの届出

3か月間の平均給与額により標準報酬月額を改定する

標準報酬月額に２等級以上の差が生じたときの手続き

継続雇用による労働条件の見直しの結果、賃金額が大幅に減少する場合には、報酬月額の変更手続きが必要です。固定的賃金の増減、給与体系の変更などがあった月以降の３か月間の平均給与額による標準報酬月額が、それまでの標準報酬月額と比べて２等級以上の差が生じた場合に行うのが随時改定です。たとえば、１月に労働条件の変更による減給が行われた結果、１月～３月の平均給与額が300,000円となった場合、標準報酬月額は「300千円（30万円）」となります。この人（菅谷さん）の従来の標準報酬月額は「340千円（34万円）」だったので（次ページ）、標準報酬月額が２等級下がったことになります（340千円は24等級で300千円は22等級（健康保険の場合)、このような場合に随時改定を行うことになります。

随時改定のために所轄年金事務所に提出する届出は「健康保険厚生年金保険被保険者報酬月額変更届」です。この届出は変動があった月から３か月を経過した後できるだけ早く提出する必要があります。上の例でいうと、４月に月額変更届を提出しなければなりません。

ただ、固定的賃金の増減や給与体系の変更などが行われた月以降の３か月間の各月の支払基礎日数がすべて17日以上（所定労働時間・日数が正社員の3/4未満の短時間労働者は11日以上）でなければ、月額変更届を提出する必要はありません。

たとえば、上の例で、１月の支払基礎日数が31日、２月の支払基礎日数が16日、３月の支払基礎日数が28日だった場合は、固定的賃金に大幅な変動があっても随時改定は行われないことになります。

書式　健康保険厚生年金保険被保険者報酬月額変更届

様式コード			
2	2	2	1

健康保険
厚生年金保険　被保険者報酬月額変更届
厚生年金保険　70歳以上被用者月額変更届

令和 2 年 4 月 5 日提出

提出者記入欄

事業所整理記号	6501－0203
	届書記入の個人番号に誤りがないことを確認しました。
事業所所在地	〒141-0000
事業所名称	株式会社　緑商会
事業主氏名	代表取締役　鈴木　太郎　㊞
電話番号	03（3321）1123

受付印

社会保険労務士記載欄

氏　名　等　　㊞

項目名

① 被保険者整理番号	② 被保険者氏名	③ 生年月日	④ 改定年月	⑰ 個人番号［基礎年金番号］※70歳以上被用者の場合のみ
⑤ 従前の標準報酬月額	⑥ 従前改定月	⑦ 昇（降）給	⑧ 遡及支払額	⑱ 備考
⑨ 給与支給月 ⑩ 給与計算の基礎日数	報酬月額 ⑪ 通貨によるものの額 ⑫ 現物によるものの額	⑬ 合計（⑪+⑫）	⑭ 総計 ⑮ 平均額 ⑯ 修正平均額	

1

① 3	② 菅谷　恭介		③ 5－321120	④ 2 年 4 月	⑰
⑤ 健 340 千円	厚 340 千円	⑥ 1 年 9 月	⑦ 昇(降)給 1 月　1. 昇給　②降給	⑧ 遡及支払額 月 円	⑱ 1. 70歳以上被用者月額変更 2. 二以上勤務 3. 短時間労働者（特定適用事業所等） ④昇給・降給の理由 （　基本給の変更　） 5. 健康保険のみ月額変更 （70歳到達時の契約変更等） 6. その他（　　）
⑨ 支給月 / ⑩ 日数	⑪ 通貨	⑫ 現物	⑬ 合計（⑪+⑫）	⑭ 総計	
1 月 / 31 日	285,000 円	5,000 円	290,000 円	900,000 円	
2 月 / 31 日	295,000 円	5,000 円	300,000 円	⑮ 平均額 300,000 円	
3 月 / 28 日	305,000 円	5,000 円	310,000 円	⑯ 修正平均額 円	

2

①	②		③	④ 年 月	⑰
⑤ 健 千円	厚 千円	⑥ 年 月	⑦ 昇(降)給 月　1. 昇給　2. 降給	⑧ 遡及支払額 月 円	⑱ 1. 70歳以上被用者月額変更 2. 二以上勤務 3. 短時間労働者（特定適用事業所等） 4. 昇給・降給の理由 （　　） 5. 健康保険のみ月額変更 （70歳到達時の契約変更等） 6. その他（　　）
⑨ 支給月 / ⑩ 日数	⑪ 通貨	⑫ 現物	⑬ 合計（⑪+⑫）	⑭ 総計	
月 / 日	円	円	円	円	
月 / 日	円	円	円	⑮ 平均額 円	
月 / 日	円	円	円	⑯ 修正平均額 円	

3

①	②		③	④ 年 月	⑰
⑤ 健 千円	厚 千円	⑥ 年 月	⑦ 昇(降)給 月　1. 昇給　2. 降給	⑧ 遡及支払額 月 円	⑱ 1. 70歳以上被用者月額変更 2. 二以上勤務 3. 短時間労働者（特定適用事業所等） 4. 昇給・降給の理由 （　　） 5. 健康保険のみ月額変更 （70歳到達時の契約変更等） 6. その他（　　）
⑨ 支給月 / ⑩ 日数	⑪ 通貨	⑫ 現物	⑬ 合計（⑪+⑫）	⑭ 総計	
月 / 日	円	円	円	円	
月 / 日	円	円	円	⑮ 平均額 円	
月 / 日	円	円	円	⑯ 修正平均額 円	

4

①	②		③	④ 年 月	⑰
⑤ 健 千円	厚 千円	⑥ 年 月	⑦ 昇(降)給 月　1. 昇給　2. 降給	⑧ 遡及支払額 月 円	⑱ 1. 70歳以上被用者月額変更 2. 二以上勤務 3. 短時間労働者（特定適用事業所等） 4. 昇給・降給の理由 （　　） 5. 健康保険のみ月額変更 （70歳到達時の契約変更等） 6. その他（　　）
⑨ 支給月 / ⑩ 日数	⑪ 通貨	⑫ 現物	⑬ 合計（⑪+⑫）	⑭ 総計	
月 / 日	円	円	円	円	
月 / 日	円	円	円	⑮ 平均額 円	
月 / 日	円	円	円	⑯ 修正平均額 円	

5

①	②		③	④ 年 月	⑰
⑤ 健 千円	厚 千円	⑥ 年 月	⑦ 昇(降)給 月　1. 昇給　2. 降給	⑧ 遡及支払額 月 円	⑱ 1. 70歳以上被用者月額変更 2. 二以上勤務 3. 短時間労働者（特定適用事業所等） 4. 昇給・降給の理由 （　　） 5. 健康保険のみ月額変更 （70歳到達時の契約変更等） 6. その他（　　）
⑨ 支給月 / ⑩ 日数	⑪ 通貨	⑫ 現物	⑬ 合計（⑪+⑫）	⑭ 総計	
月 / 日	円	円	円	円	
月 / 日	円	円	円	⑮ 平均額 円	
月 / 日	円	円	円	⑯ 修正平均額 円	

※　⑨支給月とは、給与の対象となった計算月ではなく実際に給与の支払いを行った月となります。

5 退職後に健康保険の被保険者でいるための届出

退職後２年間、任意継続被保険者になる資格がある

会社などを辞めた後も被保険者でいることができる

被保険者期間が２か月以上ある退職者が希望したときは、退職後最長２年間まで任意継続被保険者となることができます。保険料は資格喪失時の標準報酬月額と全被保険者の平均標準報酬月額のどちらか低い方になります。退職後の保険料は全額自分で負担することになります。

【申請手続】

資格喪失後20日以内に住所地を管轄する協会けんぽ支部に健康保険任意継続被保険者資格取得申出書を申請します。

【添付書類】

・被扶養者がいる場合、続柄・収入が確認できる書類

・退職証明書など退職日が確認できる書類

【ポイント】

申請が１日でも遅れると、任意継続被保険者となることができなくなりますので注意が必要です。また、任意継続被保険者となってからの保険料を納付期限（毎月10日）までに納めないと、ただちに被保険者としての資格を失ってしまいます。

「被保険者期間が２か月以上ある」ということは、たとえば、３月31日退社の人の場合、その年の２月１日以前に入社していなければならないということです。ただ、２月２日以降に入社したとしても、その前の会社で健康保険に加入していて、その会社での加入期間と合わせて２か月以上あれば（１日の空白期間もなく）任意継続被保険者になる資格があることになります。

書式　任意継続被保険者資格取得申出書

健康保険 任意継続被保険者 **資格取得** 申出書　（申出者記入用）　取

記入方法および添付書類等については、「健康保険 任意継続被保険者 資格取得 申出書 記入の手引き」をご確認ください。

申出書は、楷書で枠内に丁寧にご記入ください。　記入見本 0 1 2 3 4 5 6 7 8 9 ア イ ウ

申出者情報

勤務していた時に使用していた被保険者証の発行都道府県	東京 支部		
勤務していた時に使用していた被保険者証の（左づめ）	記号 7101020３	番号 120	生年月日 ☑昭和 □平成 □令和　28年09月30日
氏名・印	(フリガナ) ニシウミ　ヨウヘイ 西海　洋平	印　自署の場合は押印を省略できます。	性別 ☑男 □女
住所	(〒142－0001) 東京 都道府県 品川区大井西1－1－1		
電話番号（日中の連絡先）	TEL 03（3456）7890		

勤務していた事業所の	名称 株式会社 緑商会	所在地 東京都品川区五反田1－2－3	
資格喪失年月日（退職日の翌日）	令和 2 年 10 月 1 日		

保険料の納付方法	保険料の納付方法について、希望する番号をご記入ください。 2　1. 口座振替（毎月納付のみ）　2. 毎月納付　3. 6か月前納　4. 12か月前納	「口座振替」を希望される方は、別途「口座振替依頼書」の提出が必要です。

健康保険 被扶養者届【資格取得時】

◉任意継続被保険者の資格取得時に、被扶養者となられる方についてご記入ください。
◉資格取得日の翌日以降に被扶養者となられる方は、別途「被扶養者（異動）届」をご提出ください。

被扶養者欄

氏名	生年月日	性別	続柄	職業	年間収入	同居別居の別
(フリガナ) ニシウミ　ミキ (氏) 西海　(名) 美紀	☑昭和 □平成 □令和　30年11月15日	□男 ☑女	妻	主婦	0 万円	☑同居 □別居(国内在住) □別居(海外在住)
マイナンバー						
(フリガナ) (氏)　(名)	□昭和 □平成 □令和　年 月 日	□男 □女			万円	□同居 □別居(国内在住) □別居(海外在住)
マイナンバー						
(フリガナ) (氏)　(名)	□昭和 □平成 □令和　年 月 日	□男 □女			万円	□同居 □別居(国内在住) □別居(海外在住)
マイナンバー						
(フリガナ) (氏)　(名)	□昭和 □平成 □令和　年 月 日	□男 □女			万円	□同居 □別居(国内在住) □別居(海外在住)
マイナンバー						

扶養に関する申立欄	左記の事実に相違ありません。 被保険者氏名　印

被保険者のマイナンバー記載欄
（被保険者証の記号番号を記入した場合は記入不要です）
マイナンバーを記入した場合は、必ず本人確認書類を添付してください。 ▶

(2019.5)

社会保険労務士の提出代行者名記載欄	印

受付日付印

様式番号　200110

協会使用欄　1

全国健康保険協会
協会けんぽ

1 / 1

6 雇用延長により社会保険の被保険者でなくなった場合の手続き

雇用保険と同様に資格喪失についての届出が必要になる

従業員の資格喪失のための手続き

労働条件の見直しにより、社会保険の被保険者に該当しなくなる場合（154ページ）には、会社はその労働者について社会保険の資格喪失手続きをすることになります。資格の喪失日は原則として離職した日の翌日になります。

【届出・添付書類】

事業主は、労働者が社会保険の資格を喪失した日（離職した日の翌日）から５日以内に管轄の年金事務所へ健康保険厚生年金保険被保険者資格喪失届を提出します。

添付書類としては、健康保険被保険者証が必要になります。離職した者と連絡がつかない場合などには被保険者証を回収できないこともあります。そのようなときは、資格喪失届の他に健康保険被保険者証回収不能届を提出します。

【ポイント】

資格喪失届は、定年退職後の再雇用の際に資格取得届と一緒に提出することもあります。これを同日得喪といいます（152ページ）。こうすることで、賃金額が下がった場合にも、通常の月額変更の手続きではなく、同日得喪の手続きを行うことで、再雇用の時からすぐに標準報酬月額を変更することができます。

同日得喪を行う場合の添付書類は、就業規則や退職辞令の写しなど退職したことがわかる書類、再雇用後の雇用契約書の写し、定年前の被保険者証、です。

書式　健康保険厚生年金保険被保険者資格喪失届

様式コード
2201

健康保険
厚生年金保険　**被保険者資格喪失届**
厚生年金保険　70歳以上被用者不該当届

令和　2 年　3 月 21 日提出

提出者記入欄				
事業所整理記号	00－アイウ	事業所番号	12345	
	届書記入の個人番号に誤りがないことを確認しました。			
事業所所在地	〒141－0000 品川区五反田1－2－3			
事業所名称	株式会社　緑商会			
事業主氏名	代表取締役　鈴木　太郎　㊞			
電話番号	03（3321）1123			

在職中に70歳に到達された方の厚生年金保険被保険者喪失届は、この用紙ではなく『70歳到達届』を提出してください。

受付印

社会保険労務士記載欄
氏名等　㊞

被保険者1					
① 被保険者整理番号	12	② 氏名	(ﾌﾘｶﾞﾅ) かとう　さとし (氏) 加藤　(名) 聡	③ 生年月日	(5.昭和) 7.平成 9.令和　年 月 日 491003
④ 個人番号［基礎年金番号］	211750013567	⑤ 喪失年月日	9.令和　年 月 日 020321	⑥ 喪失（不該当）原因	(4.) 退職等（令和 2 年 3 月 20 日退職等） 5. 死亡（令和　年　月　日死亡） 7. 75歳到達（健康保険のみ喪失） 9. 障害認定（健康保険のみ喪失）
⑦ 備考	該当する項目を○で囲んでください。 1. 二以上事業所勤務者の喪失　3. その他 2. 退職後の継続再雇用者の喪失〔　〕	保険証回収	添付 1 枚 返不能 ＿＿ 枚	⑧ 70歳不該当	□ 70歳以上被用者不該当 （退職日または死亡日を記入してください） 不該当年月日　9.令和　年 月 日

被保険者2					
① 被保険者整理番号		② 氏名	(ﾌﾘｶﾞﾅ) (氏)　(名)	③ 生年月日	5.昭和 7.平成 9.令和　年 月 日
④ 個人番号［基礎年金番号］		⑤ 喪失年月日	9.令和　年 月 日	⑥ 喪失（不該当）原因	4. 退職等（令和　年　月　日退職等） 5. 死亡（令和　年　月　日死亡） 7. 75歳到達（健康保険のみ喪失） 9. 障害認定（健康保険のみ喪失）
⑦ 備考	該当する項目を○で囲んでください。 1. 二以上事業所勤務者の喪失　3. その他 2. 退職後の継続再雇用者の喪失〔　〕	保険証回収	添付 ＿＿ 枚 返不能 ＿＿ 枚	⑧ 70歳不該当	□ 70歳以上被用者不該当 （退職日または死亡日を記入してください） 不該当年月日　9.令和　年 月 日

被保険者3					
① 被保険者整理番号		② 氏名	(ﾌﾘｶﾞﾅ) (氏)　(名)	③ 生年月日	5.昭和 7.平成 9.令和　年 月 日
④ 個人番号［基礎年金番号］		⑤ 喪失年月日	9.令和　年 月 日	⑥ 喪失（不該当）原因	4. 退職等（令和　年　月　日退職等） 5. 死亡（令和　年　月　日死亡） 7. 75歳到達（健康保険のみ喪失） 9. 障害認定（健康保険のみ喪失）
⑦ 備考	該当する項目を○で囲んでください。 1. 二以上事業所勤務者の喪失　3. その他 2. 退職後の継続再雇用者の喪失〔　〕	保険証回収	添付 ＿＿ 枚 返不能 ＿＿ 枚	⑧ 70歳不該当	□ 70歳以上被用者不該当 （退職日または死亡日を記入してください） 不該当年月日　9.令和　年 月 日

被保険者4					
① 被保険者整理番号		② 氏名	(ﾌﾘｶﾞﾅ) (氏)　(名)	③ 生年月日	5.昭和 7.平成 9.令和　年 月 日
④ 個人番号［基礎年金番号］		⑤ 喪失年月日	9.令和　年 月 日	⑥ 喪失（不該当）原因	4. 退職等（令和　年　月　日退職等） 5. 死亡（令和　年　月　日死亡） 7. 75歳到達（健康保険のみ喪失） 9. 障害認定（健康保険のみ喪失）
⑦ 備考	該当する項目を○で囲んでください。 1. 二以上事業所勤務者の喪失　3. その他 2. 退職後の継続再雇用者の喪失〔　〕	保険証回収	添付 ＿＿ 枚 返不能 ＿＿ 枚	⑧ 70歳不該当	□ 70歳以上被用者不該当 （退職日または死亡日を記入してください） 不該当年月日　9.令和　年 月 日

7 従業員が70歳になったときの手続き

年金事務所への届出が必要である

どんな場合に届出を行うのか

高年齢者雇用安定法では、企業には労働者を65歳まで雇用し続けなければならないという義務が課せられています。

これにより、高年齢労働者の雇用の機会が増加することになります。そして、今後は、65歳を超えた労働者であっても雇用し続けるという措置が努力義務となります。

企業が、70歳以上の者を採用したり、従業員が70歳を超えても雇用し続けるという場合には、届出が必要です。70歳以上の労働者に対しても、60歳代後半の在職老齢年金制度が適用されるため、70歳以上の労働者について届出が必要となっているのです。

届出のしかたと書類の記載上のポイント

70歳未満の者が厚生年金保険に加入しており、70歳到達後も勤務し続けるという場合や、70歳以上の人を新たに雇用した場合には、「70歳以上被用者該当届」を提出する必要があります。この届出書は、日本年金機構に提出します。提出時期は、届出が必要な事実が発生してから５日以内です。書式は、場合によって異なりますので注意が必要です。

70歳未満の者が厚生年金保険に加入しており、70歳到達後も勤務し続けるという場合には、「厚生年金保険被保険者資格喪失届／70歳以上被用者該当届」（次ページ）を提出し、70歳以上の人を新たに雇用した場合には、「健康保険厚生年金保険被保険者資格取得届／70歳以上被用者該当届」（195ページ）を提出します。

書式　70歳以上被用者該当届（従業員が70歳になったとき）

様式コード
2269

70歳到達届

厚生年金保険　被保険者資格喪失届
厚生年金保険　70歳以上被用者該当届

令和　1　年　7　月　5　日提出

提出者記入欄

事業所整理記号	00　アイウ
事業所番号	12345
	届書記入の個人番号に誤りがないことを確認しました。
事業所所在地	東京都品川区五反田1-2-3
事業所名称	株式会社　緑商会
事業主氏名	代表取締役　鈴木 太郎　（代表者印）
電話番号	03　（　3321　）　1123

退職等により厚生年金保険・健康保険の被保険者でなくなる場合は『被保険者資格喪失届・70歳以上被用者不該当届』を提出してください。

受付印

社会保険労務士記載欄
氏　名　等　　印

この届書は、在職中に70歳に到達した以降も引き続き同一の事業所に勤務され、70歳到達日の標準報酬月額（相当額）が従前額と異なる場合に提出いただくものです。

被保険者欄

① 被保険者整理番号	9	② 氏名	池上　雪子
③ 生年月日	5 年 24 月 07 日 02（5240702）		
④ 個人番号［基礎年金番号］	123456789123		
⑤ 備考	該当する項目を○で囲んでください。 1. 二以上事業所勤務者 2. 短時間労働者（特定適用事業所等） 3. その他［　　　］		

資格喪失欄

⑥ 喪失年月日	9 010701（年 01 月 07 日 01）	⑦ 喪失原因	⑥. 70歳到達（厚生年金保険のみ喪失）

被用者該当欄

⑧ 該当年月日	9 010701（年 01 月 07 日 01）	⑨ 報酬月額	㋐（通貨）180,000円 ㋑（現物）0円 ㋒（合計 ㋐+㋑）180000円

書式　70歳以上被用者該当届（70歳以上の従業員を採用したとき）

様式コード
2200

健康保険
厚生年金保険　**被保険者資格取得届**
厚生年金保険　70歳以上被用者該当届

令和　1 年　7 月　5 日提出

提出者記入欄

事業所整理記号	00－アイウ
事業所番号	12345
	届書記入の個人番号に誤りがないことを確認しました。
事業所所在地	〒141－0000 東京都品川区五反田1-2-3
事業所名称	株式会社　緑商会
事業主氏名	代表取締役　鈴木 太郎　（代表者印）
電話番号	03（3321）1123

受付印

社会保険労務士記載欄
氏　名　等　　㊞

被保険者1

① 被保険者整理番号		② 氏名	(フリガナ) イケガミ　ユキコ (氏) 池上　(名) 雪子	③ 生年月日	5.昭和（○）　7.平成　9.令和　240702
④ 種別	1.男　2.女（○）　3.坑内員　5.男(基金)　6.女(基金)　7.坑内員(基金)				
⑤ 取得区分	1.健保・厚年（○）　3.共済出向　4.船保任継	⑥ 個人番号［基礎年金番号］	123456789123	⑦ 取得（該当）年月日	9.令和　010701
⑧ 被扶養者	0.無（○）　1.有				
⑨ 報酬月額	㋐(通貨) 180,000 円 ㋑(現物) 0 円	㋒(合計 ㋐+㋑)	180000 円	⑩ 備考	該当する項目を○で囲んでください。 1. 70歳以上被用者該当（○） 2. 二以上事業所勤務者の取得 3. 短時間労働者の取得(特定適用事業所等) 4. 退職後の継続再雇用者の取得 5. その他（○）〔該当届のみ〕
⑪ 住所	日本年金機構に提出する際、個人番号を記入した場合は、住所記入は不要です。 〒135－0042 (フリガナ) トウキョウト　コウトウク　キ バ 東京都江東区木場1-2-0	理由：	1. 海外在住 2. 短期在留 3. その他〔　〕		

被保険者2

① 被保険者整理番号		② 氏名	(フリガナ) (氏)　(名)	③ 生年月日	5.昭和　7.平成　9.令和　年　月　日
④ 種別	1.男　2.女　3.坑内員　5.男(基金)　6.女(基金)　7.坑内員(基金)				
⑤ 取得区分	1.健保・厚年　3.共済出向　4.船保任継	⑥ 個人番号［基礎年金番号］		⑦ 取得（該当）年月日	9.令和　年　月　日
⑧ 被扶養者	0.無　1.有				
⑨ 報酬月額	㋐(通貨)　円 ㋑(現物)　円	㋒(合計 ㋐+㋑)	円	⑩ 備考	該当する項目を○で囲んでください。 1. 70歳以上被用者該当 2. 二以上事業所勤務者の取得 3. 短時間労働者の取得(特定適用事業所等) 4. 退職後の継続再雇用者の取得 5. その他〔　〕
⑪ 住所	日本年金機構に提出する際、個人番号を記入した場合は、住所記入は不要です。 〒　－　(フリガナ)	理由：	1. 海外在住 2. 短期在留 3. その他〔　〕		

被保険者3

① 被保険者整理番号		② 氏名	(フリガナ) (氏)　(名)	③ 生年月日	5.昭和　7.平成　9.令和　年　月　日
④ 種別	1.男　2.女　3.坑内員　5.男(基金)　6.女(基金)　7.坑内員(基金)				
⑤ 取得区分	1.健保・厚年　3.共済出向　4.船保任継	⑥ 個人番号［基礎年金番号］		⑦ 取得（該当）年月日	9.令和　年　月　日
⑧ 被扶養者	0.無　1.有				
⑨ 報酬月額	㋐(通貨)　円 ㋑(現物)　円	㋒(合計 ㋐+㋑)	円	⑩ 備考	該当する項目を○で囲んでください。 1. 70歳以上被用者該当 2. 二以上事業所勤務者の取得 3. 短時間労働者の取得(特定適用事業所等) 4. 退職後の継続再雇用者の取得 5. その他〔　〕
⑪ 住所	日本年金機構に提出する際、個人番号を記入した場合は、住所記入は不要です。 〒　－　(フリガナ)	理由：	1. 海外在住 2. 短期在留 3. その他〔　〕		

被保険者4

① 被保険者整理番号		② 氏名	(フリガナ) (氏)　(名)	③ 生年月日	5.昭和　7.平成　9.令和　年　月　日
④ 種別	1.男　2.女　3.坑内員　5.男(基金)　6.女(基金)　7.坑内員(基金)				
⑤ 取得区分	1.健保・厚年　3.共済出向　4.船保任継	⑥ 個人番号［基礎年金番号］		⑦ 取得（該当）年月日	9.令和　年　月　日
⑧ 被扶養者	0.無　1.有				
⑨ 報酬月額	㋐(通貨)　円 ㋑(現物)　円	㋒(合計 ㋐+㋑)	円	⑩ 備考	該当する項目を○で囲んでください。 1. 70歳以上被用者該当 2. 二以上事業所勤務者の取得 3. 短時間労働者の取得(特定適用事業所等) 4. 退職後の継続再雇用者の取得 5. その他〔　〕
⑪ 住所	日本年金機構に提出する際、個人番号を記入した場合は、住所記入は不要です。 〒　－　(フリガナ)	理由：	1. 海外在住 2. 短期在留 3. その他〔　〕		

協会けんぽご加入の事業所様へ
※　70歳以上被用者該当届のみ提出の場合は、「⑩備考」欄の「1. 70歳以上被用者該当」および「5. その他」に○をし、「5. その他」の〔　〕内に「該当届のみ」とご記入ください（この場合、健康保険被保険者証の発行はありません）。

8 業務以外で負傷・病気をしたときに手当金を受けるための手続き

休業1日につき標準報酬日額の3分の2の額が支給される

最大1年6か月に渡って手当金が支給される

再雇用により、引き続き会社の健康保険制度の被保険者となる場合、従来どおり、健康保険の給付を受けることができます。私傷病（業務以外でのケガや病気）による療養のために働くことができず、給料を受けられないときは、休業1日につき標準報酬日額の3分の2の額が支給開始日から最大で1年6か月間支給されます。

【請求手続】

傷病手当金支給申請書を提出します。提出先は、事業所を管轄する全国健康保険協会の都道府県支部または会社の健康保険組合です。

【添付書類】

① 1回目の支給申請の際に賃金台帳と出勤簿が必要です。

② 役員の場合は、「報酬を支払わない」とした旨が記載してある取締役会議事録が必要になります。

【ポイント】

病院などで診察を受けずに自宅で療養する場合もあるでしょう。このような場合であっても傷病手当金を請求することができます。ただ、病院にかからなかった理由などを記入した申立書の添付を求められる場合があります。

健康保険を使わず自費で診察を受けた場合であっても傷病手当金は支給されますが、健康保険が使えない美容整形などについては支給されません。

療養のため休業した日数が連続して3日間あることが必要です（この3日間を「待期期間」といいます）。支給期間の1年6か月とは、傷病手当金が支給される実日数ではなく、支給を開始した日からの暦日数で数えます。たとえば、4月10日分から傷病手当金をもらっている場合であれば、翌年の10月9日までの1年6か月間が最長の支給期間ということになります。1年6か月間のうち、実際に傷病手当金をもらえるのは労務不能（働くことができないこと）による休業が終わるまでの期間です。

被保険者期間が1年以上あり、会社を退職した日に傷病手当金を受けている、または受けられる状態であるときは、退職後も受給期間が満了するまで傷病手当金を受けることができます。しかし、休み始めて3日目に退職した場合は、待期の3日間は連続しても、傷病手当金を受け得る状態となっていませんので、退職後の傷病手当金は支給されません。

負傷の原因が交通事故など第三者の行為によるものであるときは、傷病手当金支給申請書に加えて別に「第三者の行為による傷病届」を添付します。ケガなどの場合は、負傷原因についての届（負傷原因届）を添付する必要があります。

老齢年金や障害年金を受けている人は、支給調整が行われ、傷病手当金が支給されない場合があります。

■ 傷病手当金の待期期間

①	3/1	3/2	3/3	3/4	3/5	3/6	3/7	3/8	3/9	3/10
	出	休	出	休	休	出	出	休	休	出

②	4/5	4/6	4/7	4/8	4/9	4/10	4/11	4/12	4/13	4/14
	出	休	出	休	休	休	休	休	休	休

休業した日が連続3日間なければ待期期間が完成しない
①では、連続した休業が2日しかないため、待期期間は完成しない
②では、4月8日、4月9日、4月10日と連続した休業が3日間あるので
　4月10日に待期が完成、4月11日から支給される

健康保険 傷病手当金 支給申請書（第 1 回） 被保険者記入用 傷

記入方法および添付書類等については、「健康保険 傷病手当金 支給申請書 記入の手引き」をご確認ください。

申請書は、楷書で枠内に丁寧にご記入ください。　記入見本 0 1 2 3 4 5 6 7 8 9 ア イ ウ

被保険者情報

被保険者証の（左づめ）	記号 7 1 0 1 0 2 0 3　番号 1 3	生年月日 1（1. 昭和 2. 平成 3. 令和）6 1 0 1 3 1 年 月 日
氏名・印	（フリガナ）ホンジョウ　タカシ 本上　貴志　印	自署の場合は押印を省略できます。
住所	〒 1 1 0 0 0 0 1　東京 都（道 府 県）目黒区東7-3-19	
電話番号（日中の連絡先）※ハイフン除く	TEL 0 3 3 3 3 3 1 1 1 1	

振込先指定口座

金融機関名称	東西　銀行（金庫 信組 農協 漁協 その他（　　））	目黒駅前　支店（本店 代理店 出張所 本店営業部 本所 支所）
預金種別	1（1. 普通 3. 別段 2. 当座 4. 通知）	口座番号 1 2 3 4 5 6 7　左づめでご記入ください。
口座名義	▼カタカナ（姓と名の間は1マス空けてご記入ください。濁点（゛）、半濁点（゜）は1字としてご記入ください。） ホ ン シ ゛ ヨ ウ 　 タ カ シ	口座名義の区分 1（1. 被保険者 2. 代理人）

「2」の場合は必ず記入・押印ください。（押印省略不可）

受取代理人の欄

被保険者	本申請に基づく給付金に関する受領を下記の代理人に委任します。 氏名・印　印 住所「被保険者情報」の住所と同じ	（1. 平成 2. 令和）年 月 日
代理人（口座名義人）	〒　TEL（ハイフン除く） 住所 （フリガナ） 氏名・印　印	被保険者との関係

「被保険者記入用」は2ページに続きます。

被保険者のマイナンバー記載欄
（被保険者証の記号番号を記入した場合は記入不要です）
マイナンバーを記入した場合は、必ず本人確認書類を添付してください。

(2019.5)

受付日付印

社会保険労務士の提出代行者名記載欄　印

様式番号 6 0 1 1 6 0

協会使用欄 1

全国健康保険協会
協会けんぽ

1 / 4

1 2 3 4

健康保険 傷病手当金 支給申請書

被保険者記入用

被保険者氏名 本上　貴志

申請内容

1 傷病名 1つの記入欄に複数の傷病名を記入しないでください。	1) 自律神経失調症 2) 3)
2 初診日	2（1.平成 2.令和） 01年07月01日 □（1.平成 2.令和） 年 月 日 □（1.平成 2.令和） 年 月 日
3 該当の傷病は病気（疾病）ですか、ケガ（負傷）ですか。	1 1. 病気（発病時の状況）7月1日の起床時に激しい発汗状態となり、症状が改善しないため受診した。 2. ケガ → 負傷原因届を併せてご提出ください。
4 療養のため休んだ期間（申請期間）	2（1.平成 2.令和） 01年07月01日から 2（1.平成 2.令和） 01年08月31日まで 日数 62 日間
5 あなたの仕事の内容（具体的に） （退職後の申請の場合は退職前の仕事の内容）	OA機器の営業（ルート回り）

確認事項

1 上記の療養のため休んだ期間（申請期間）に報酬を受けましたか。または今後受けられますか。	2 1. はい 2. いいえ
1-① 「はい」と答えた場合、その報酬の額と、その報酬支払の対象となった（なる）期間をご記入ください。	□（1.平成 2.令和） 年 月 日 から □（1.平成 2.令和） 年 月 日 まで 報酬額 円
2 「障害厚生年金」または「障害手当金」を受給していますか。受給している場合、どちらを受給していますか。	3 1. はい 2. 請求中 3. いいえ → □ 1. 障害厚生年金 2. 障害手当金 「はい」の場合
2-① 「はい」または「請求中」と答えた場合、受給の要因となった（なる）傷病名及び基礎年金番号等をご記入ください。 （「請求中」と答えた場合は、傷病名・基礎年金番号をご記入ください。）	傷病名 基礎年金番号　年金コード 支給開始年月日 □（1.昭和 2.平成 3.令和） 年 月 日　年金額 円
3 （健康保険の資格を喪失した方はご記入ください。）老齢または退職を事由とする公的年金を受給していますか。	□ 1. はい　3. いいえ 2. 請求中 「はい」の場合
3-① 「はい」または「請求中」と答えた場合、基礎年金番号等をご記入ください。 （「請求中」と答えた場合は、基礎年金番号のみをご記入ください。）	基礎年金番号　年金コード 支給開始年月日 □（1.昭和 2.平成 3.令和） 年 月 日　年金額 円
4 労災保険から休業補償給付を受けていますか。（又は、過去に受けたことがありますか。）	3 1. はい　3. いいえ 2. 労災請求中 「はい」の場合
4-① 「はい」または「労災請求中」と答えた場合、支給元（請求先）の労働基準監督署をご記入ください。	労働基準監督署

「健康保険傷病手当金支給申請書記入の手引き」の「添付書類をご用意ください。」および「支給期間と支給額3」をご確認ください。

様式番号

601269

「事業主記入用」は3ページに続きます。

全国健康保険協会
協会けんぽ

2/4

健康保険 傷病手当金 支給申請書

3 事業主記入用

労務に服することができなかった期間を含む賃金計算期間の勤務状況および賃金支払状況等をご記入ください。

事業主が証明するところ

被保険者氏名　本上　貴志

勤務状況　【出勤は○】で、【有給は△】で、【公休は公】で、【欠勤は／】でそれぞれ表示してください。

1.平成 2.令和	年	月	1	2	3	4	5	6	7	8	9	10	11	12	13	14	15		出勤	有給
2	01	07	公	公	~~3~~	~~4~~	~~5~~	~~6~~	~~7~~	~~8~~	~~9~~	~~10~~	~~11~~	~~12~~	~~13~~	~~14~~	~~15~~		計 0日	0日
			~~16~~	~~17~~	~~18~~	~~19~~	公	公	公	公	公	公	公	公	~~28~~	~~29~~	~~30~~	~~31~~		
2	01	08	~~1~~	公	公	~~4~~	~~5~~	~~6~~	~~7~~	~~8~~	公	公	~~11~~	~~12~~	~~13~~	~~14~~	~~15~~		計 0日	0日
			公	公	~~18~~	~~19~~	~~20~~	~~21~~	~~22~~	~~23~~	~~24~~	~~25~~	~~26~~	~~27~~	~~28~~	~~29~~	~~30~~	~~31~~		
			1	2	3	4	5	6	7	8	9	10	11	12	13	14	15		計 日	日
			16	17	18	19	20	21	22	23	24	25	26	27	28	29	30	31		

上記の期間に対して、賃金を支給しました(します)か?　☐ はい　☑ いいえ

給与の種類　☑ 月給　☐ 時間給　☐ 日給　☐ 歩合給　☐ 日給月給　☐ その他

賃金計算　締日：末　日　支払日：2（1.当月 2.翌月）10日

上記の期間を含む賃金計算期間の賃金支給状況をご記入ください。

区分 ＼ 期間	単価	07月01日～07月31日分 支給額	08月01日～08月31日分 支給額	月 日～ 月 日分 支給額
基本給	300000	0	0	
通勤手当	10000			
手当				
手当				
手当				
手当				
現物給与				
計		0	0	

支給した(する)賃金内訳

賃金計算方法(欠勤控除計算方法等)についてご記入ください。

担当者氏名　山梨　有美

上記のとおり相違ないことを証明します。

2（1.平成 2.令和）01年09月13日

事業所所在地　〒141-0000 東京都品川区五反田 1－2－3

事業所名称　株式会社　緑商会

事業主氏名　代表取締役　鈴木　太郎

電話番号（※ハイフン除く）　0333211123

様式番号　601368

「療養担当者記入用」は4ページに続きます。

全国健康保険協会　協会けんぽ

健康保険 傷病手当金 支給申請書

1 2 3 **4**

療養担当者記入用

療養担当者が意見を記入するところ

患者氏名	本上　貴志

傷病名	(1) 自律神経失調症	初診日（療養の給付開始年月日）	(1) 2（1.平成 2.令和）01年07月01日
	(2)		(2) □（1.平成 2.令和）
	(3)		(3) □（1.平成 2.令和）

発病または負傷の年月日	2（1.平成 2.令和）01年07月01日　☑発病 □負傷	発病または負傷の原因	不詳
労務不能と認めた期間	2（1.平成 2.令和）01年07月01日から 2（1.平成 2.令和）01年08月31日まで　62日間		
うち入院期間	□（1.平成 2.令和）　年　月　日から □（1.平成 2.令和）　年　月　日まで　日間入院	療養費用の別	☑健保 □公費（　　） □自費 □その他
		転帰	□治癒 □中止 ☑継続 □転医

診療実日数（入院期間を含む） 6日	診療日及び入院していた日を○で囲んでください。	07月	1 2 3 4 5 6 7 8 9 10 11 12 13 14 15 / 16 17 18 19 20 21 22 23 24 25 26 27 28 29 30 31（○：1, 14, 27）
		08月	1 2 3 4 5 6 7 8 9 10 11 12 13 14 15 / 16 17 18 19 20 21 22 23 24 25 26 27 28 29 30 31（○：9, 16, 25）
		月	1 2 3 4 5 6 7 8 9 10 11 12 13 14 15 / 16 17 18 19 20 21 22 23 24 25 26 27 28 29 30 31

上記の期間中における「主たる症状および経過」「治療内容、検査結果、療養指導」等（詳しく）

発汗異常・循環障害を発症。
投薬による治療を行う。

手術年月日	□（1.平成 2.令和）　年　月　日
退院年月日	□（1.平成 2.令和）　年　月　日

症状経過からみて従来の職種について労務不能と認められた医学的な所見

経過は良好で安定しつつあるものの、依然として上記の症状が継続しているため、自宅療養を要する。

人工透析を実施または人工臓器を装着したとき	人工透析の実施または人工臓器を装着した日　□（1.昭和 2.平成 3.令和）　年　月　日	人工臓器等の種類	□人工肛門 □人工関節 □人工骨頭 □心臓ペースメーカー □人工透析 □その他（　　）

上記のとおり相違ありません。　2（1.平成 2.令和）01年10月08日

医療機関の所在地　東京都港区芝町１－１－１

医療機関の名称　港総合病院

医師の氏名　三田　太郎　印

電話番号 ※ハイフン除く　0367670101

様式番号　601467

全国健康保険協会
協会けんぽ

(4/4)

9 退職した労働者に支払われる傷病手当金

退職後も支給開始日から１年６か月までは受給できる

退職後は本人が提出する

傷病手当金は、負傷、疾病の療養のために３日以上継続して労務不能となった場合に支給されます。退職後（健康保険の資格喪失後）も受給するためには、退職日までに被保険者期間が継続して１年以上あることが必要です。また、受給期間は、支給開始日から最長で１年６か月までとなります。

【請求手続】

第１回の申請では、通常は、健康保険被保険者の資格を取得しているので、事業主経由で提出します。退職後は本人が「健康保険傷病手当金支給申請書」を作成し、直接協会けんぽに提出します。

【添付書類】

事業所に在籍中は、労働していないこと、傷病手当金の金額以上の給与を支給されていないことを証明しなければならないので、賃金台帳、出勤簿が必要ですが、退職後は、医師の「労務不能」の証明だけで足ります。

【ポイント】

退職後においては、「事業主が証明するところ」は記入不要ですが、「療養担当者が意見を記入するところ」（医師による「労務不能」の証明）は必須となります。傷病手当金と出産手当金を同時に受給できる場合は、出産手当金の支給が優先しますので、その間は、傷病手当金は支給されません。

書式　健康保険傷病手当金支給申請書

健康保険 傷病手当金 支給申請書（第 1 2 3 4 回）　被保険者記入用　傷

記入方法および添付書類等については、「健康保険 傷病手当金 支給申請書 記入の手引き」をご確認ください。

申請書は、楷書で枠内に丁寧にご記入ください。　記入見本 0 1 2 3 4 5 6 7 8 9 アイウ

被保険者情報

被保険者証の（左づめ）	記号 65010203	番号 10	生年月日 1（1.昭和 2.平成 3.令和） 27年08月09日
氏名・印	（フリガナ）チャタニ　カオリ 茶谷　かおり　印		自署の場合は押印を省略できます。
住所	〒 1420002	東京 都 道 府 県	品川区小山町 1−6−9
電話番号（日中の連絡先）※ハイフン除く	TEL 03346677788		

振込先指定口座

金融機関名称	東部	銀行　金庫　信組　農協　漁協　その他（　　）	品川　本店　支店　代理店　出張所　本店営業部　本所　支所
預金種別	1（1. 普通　3. 別段　2. 当座　4. 通知）	口座番号 1002003	左づめでご記入ください。
口座名義	▼カタカナ（姓と名の間は1マス空けてご記入ください。濁点（゛）、半濁点（゜）は1字としてご記入ください。） チャタニ カオリ	口座名義の区分 1（1. 被保険者　2. 代理人）	

「2」の場合は必ず記入・押印ください。（押印省略不可）

受取代理人の欄

被保険者	本申請に基づく給付金に関する受領を下記の代理人に委任します。 氏名・印　印	（1.平成 2.令和）　年　月　日 住所　「被保険者情報」の住所と同じ
代理人（口座名義人）	〒　　TEL（ハイフン除く） 住所 （フリガナ） 氏名・印　印	被保険者との関係

「被保険者記入用」は2ページに続きます。》》》

被保険者のマイナンバー記載欄
（被保険者証の記号番号を記入した場合は記入不要です）
マイナンバーを記入した場合は、必ず本人確認書類を添付してください。 ▶

(2019.5)

受付日付印

社会保険労務士の
提出代行者名記載欄　印

様式番号　601160

協会使用欄　1

全国健康保険協会
協会けんぽ

1 / 4

2

健康保険 傷病手当金 支給申請書

被保険者記入用

被保険者氏名 茶谷　かおり

申請内容

1 傷病名
1つの記入欄に複数の傷病名を記入しないでください。

1) 腰椎々間板ヘルニア
2)
3)

2 初診日
2 1.平成 2.令和 0 2 0 6 1 3（年 月 日）
1.平成 2.令和
1.平成 2.令和

3 該当の傷病は病気(疾病)ですか、ケガ(負傷)ですか。
1
1. 病気（発病時の状況）
6月12日に旅行で外出中、長時間座っていた後急激に腰をひねった
2. ケガ → 負傷原因届を併せてご提出ください。

4 療養のため休んだ期間(申請期間)
2 1.平成 2.令和 0 2 0 8 0 1（年 月 日から）
2 1.平成 2.令和 0 2 0 8 3 1（年 月 日まで）
日数 31 日間

5 あなたの仕事の内容(具体的に)
(退職後の申請の場合は退職前の仕事の内容)
販売員

確認事項

1 上記の療養のため休んだ期間(申請期間)に報酬を受けましたか。または今後受けられますか。
2
1. はい
2. いいえ

1-① 「はい」と答えた場合、その報酬の額と、その報酬支払の対象となった(なる)期間をご記入ください。
1.平成 2.令和（年 月 日）から
1.平成 2.令和（年 月 日）まで
報酬額 円

2 「障害厚生年金」または「障害手当金」を受給していますか。受給している場合、どちらを受給していますか。
3
1. はい
2. 請求中
3. いいえ
→ 1. 障害厚生年金
2. 障害手当金
「はい」の場合

2-① 「はい」または「請求中」と答えた場合、受給の要因となった(なる)傷病名及び基礎年金番号等をご記入ください。
(「請求中」と答えた場合は、傷病名・基礎年金番号をご記入ください。)
傷病名
基礎年金番号　年金コード
支給開始年月日 1.昭和 2.平成 3.令和（年 月 日）　年金額 円

3 (健康保険の資格を喪失した方はご記入ください。)
老齢または退職を事由とする公的年金を受給していますか。
1. はい　3. いいえ
2. 請求中
「はい」の場合

3-① 「はい」または「請求中」と答えた場合、基礎年金番号等をご記入ください。
(「請求中」と答えた場合は、基礎年金番号のみをご記入ください。)
基礎年金番号　年金コード
支給開始年月日 1.昭和 2.平成 3.令和（年 月 日）　年金額 円

4 労災保険から休業補償給付を受けています か。(又は、過去に受けたことがありますか。)
3
1. はい　3. いいえ
2. 労災請求中
「はい」の場合

4-① 「はい」または「労災請求中」と答えた場合、支給元(請求先)の労働基準監督署をご記入ください。
労働基準監督署

「健康保険傷病手当金支給申請書記入の手引き」の「添付書類をご用意ください。」および「支給期間と支給額3」をご確認ください。

様式番号
601269

「事業主記入用」は3ページに続きます。

全国健康保険協会
協会けんぽ

2/4

※退職後の申請は、このページを省略できる。

健康保険 傷病手当金 支給申請書

1 2 3 4

事業主記入用

労務に服することができなかった期間を含む賃金計算期間の勤務状況および賃金支払状況等をご記入ください。

事業主が証明するところ

被保険者氏名

勤務状況 【出勤は○】で、【有給は△】で、【公休は公】で、【欠勤は／】でそれぞれ表示してください。

1.平成 2.令和 年 月			出勤	有給
	1 2 3 4 5 6 7 8 9 10 11 12 13 14 15 16 17 18 19 20 21 22 23 24 25 26 27 28 29 30 31	計	日	日
	1 2 3 4 5 6 7 8 9 10 11 12 13 14 15 16 17 18 19 20 21 22 23 24 25 26 27 28 29 30 31	計	日	日
	1 2 3 4 5 6 7 8 9 10 11 12 13 14 15 16 17 18 19 20 21 22 23 24 25 26 27 28 29 30 31	計	日	日

上記の期間に対して、賃金を支給しました(します)か?	□ はい □ いいえ	給与の種類	□ 月給 □ 時間給 □ 日給 □ 歩合給 □ 日給月給 □ その他	賃金計算	締 日　日 支払日　1.当月 2.翌月　日

上記の期間を含む賃金計算期間の賃金支給状況をご記入ください。

支給した(する)賃金内訳

期間 / 区分	単価	月 日～ 月 日分	月 日～ 月 日分	月 日～ 月 日分
		支給額	支給額	支給額
基本給				
通勤手当				
手当				
手当				
手当				
手当				
現物給与				
計				

賃金計算方法(欠勤控除計算方法等)についてご記入ください。

担当者氏名

上記のとおり相違ないことを証明します。　1.平成 2.令和　年 月 日

事業所所在地

事業所名称

事業主氏名　印　電話番号 ※ハイフン除く

様式番号

6 0 1 3 6 8

「療養担当者記入用」は4ページに続きます。

全国健康保険協会
協会けんぽ

(3/4)

※退職後の申請は、このページを空白で提出する。

健康保険 傷病手当金 支給申請書

1 2 3 **4**

療養担当者記入用

療養担当者が意見を記入するところ

患者氏名	茶谷　かおり

傷病名		初診日（療養の給付開始年月日）		
(1)	腰椎々間板ヘルニア	(1)	2（1.平成 2.令和）	年月日 020613
(2)		(2)	（1.平成 2.令和）	
(3)		(3)	（1.平成 2.令和）	

発病または負傷の年月日	2（1.平成 2.令和）年月日 020612　□ 発病　☑ 負傷
労務不能と認めた期間	2（1.平成 2.令和）020801 から 2（1.平成 2.令和）020831 まで　31 日間
発病または負傷の原因	急激な腰部の捻り
うち入院期間	（1.平成 2.令和）から （1.平成 2.令和）まで　日間入院
療養費用の別	☑ 健保　□ 公費（　　） □ 自費　□ その他
転帰	□ 治癒　□ 中止 ☑ 継越　□ 転医

診療実日数（入院期間を含む）　4 日

診療日及び入院していた日を○で囲んでください。

月	日
08 月	1 2 3 4 (5) 6 7 8 9 10 11 (12) 13 14 15 16 17 18 (19) 20 21 22 23 24 25 (26) 27 28 29 30 31
月	1 2 3 4 5 6 7 8 9 10 11 12 13 14 15 16 17 18 19 20 21 22 23 24 25 26 27 28 29 30 31
月	1 2 3 4 5 6 7 8 9 10 11 12 13 14 15 16 17 18 19 20 21 22 23 24 25 26 27 28 29 30 31

上記の期間中における「主たる症状および経過」「治療内容、検査結果、療養指導」等（詳しく）

腰椎々間板ヘルニアのため、
コルセット装着のうえ安静が必要

手術年月日	（1.平成 2.令和）年月日
退院年月日	（1.平成 2.令和）年月日

症状経過からみて従来の職種について労務不能と認められた医学的な所見

腰部のヘルニアにより、安静が必要で、力仕事、長時間の立ち仕事ならびに
長時間同じ姿勢で座る仕事は困難で、労務不能と判断した。

人工透析を実施または人工臓器を装着したとき	人工透析の実施または人工臓器を装着した日　（1.昭和 2.平成 3.令和）年月日
人工臓器等の種類	□ 人工肛門　□ 人工関節 □ 人工骨頭　□ 心臓ペースメーカー □ 人工透析　□ その他（　　）

上記のとおり相違ありません。　2（1.平成 2.令和）年月日 020902

医療機関の所在地　東京都品川区小山町4－6－2

医療機関の名称　青井医院

医師の氏名　青井 正一　印

電話番号 ※ハイフン除く　0334345656

様式番号

601467

全国健康保険協会
協会けんぽ

4 / 4

10 仕事中や通勤途中の病気・ケガで治療を受けたときの届出

完治するまで治療を受けることができる

無料で治療が受けられる

継続雇用中の労働者が仕事中または通勤途中の事故などによってケガをし、または病気にかかり、指定病院（労災保険が使える病院）で診てもらった場合、「療養の給付」として、無料で治療が受けられます。療養の給付の内容としては、治療費の他、入院料や看護の費用など通常療養で必要な費用も含まれます。また、原則としてケガや病気が完治するまで給付を受けることができます。

【請求手続】

治療を受けている医療機関（病院など）に、業務災害であれば「療養補償給付たる療養の給付請求書（次ページ）」を、通勤災害であれば「療養給付たる療養の給付請求書」を提出します。

【添付書類】

とくにありません。

【ポイント】

ケガなどの原因である事故が仕事中に起きた場合と通勤途中に起きた場合とで提出する用紙が異なります。

通勤災害の場合、療養給付たる療養の給付請求書を提出しますが、裏面には通勤災害に関する事項を記入する欄があります。この欄には、災害発生の日に自宅から災害発生の場所に至った経路、方法、所要時間をわかりやすく記入します。

なお、労災の指定薬局で薬をもらった場合は、療養（補償）給付たる療養の給付請求書を別に労災の指定薬局に提出する必要があります。

書式　療養補償給付たる療養の給付請求書

様式第５号(表面)　労働者災害補償保険

業務災害用

療養補償給付たる療養の給付請求書

裏面に記載してある注意事項をよく読んだ上で、記入してください。

標準字体	0	1	2	3	4	5	6	7	8	9	゛	°	ー
アイウエオカキクケコ	サ	シ	ス	セ	ソ	タ	チ	ツ	テ	ト	ナ	ニ	ヌ
ネノハヒフヘホマミム	メ	モ	ヤ	ユ	ヨ	ラ	リ	ル	レ	ロ	ワ	ン	

標準字体で記入してください。

※帳票種別　34590

①管轄局署

②業通別　1（1業 3通）

③保留（1全レセ 3全給付）

⑥処理区分

④受付年月日　※（元号　年　月　日）

⑤労働保険番号（府県・所掌・管轄・基幹番号・枝番号）　1310965432１

年金証書番号記入欄

⑦支給・不支給決定年月日　※（元号　年　月　日）

⑧性別（1男 3女）　1

⑨労働者の生年月日（1明治 3大正 5昭和 7平成 9令和）　5580610

⑩負傷又は発病年月日　9010719

（1〜9年は右へ　1〜9月は右へ　1〜9日は右へ）

⑪再発年月日　※（元号　年　月　日）

⑫労働者の

シメイ（カタカナ）：姓と名の間は１文字あけて記入してください。濁点・半濁点は1文字として記入してください。

アオキ　ヒカル

氏名　青木　光　(36歳)

⑬三者　※（1自 3労 5他）

⑭特疾（1特定疾病）

⑮特別加入者

住所　⑯郵便番号　151-0000

フリガナ　シブヤクシブヤ

渋谷区渋谷３２－１０

職種　事務職

⑰負傷又は発病の時刻　午(前)後 9時 50分頃

⑱災害発生の事実を確認した者の職名、氏名

職名　総務課長

氏名　西村一郎

⑲災害の原因及び発生状況　(あ)どのような場所で(い)どのような作業をしているときに(う)どのような物又は環境に(え)どのような不安全な又は有害な状態があって(お)どのような災害が発生したか(か)⑩と初診日が異なる場合はその理由を詳細に記入すること

事務所内で、書類をロッカーに格納する際に踏み台で足を滑らせて転倒し右手首を骨折してしまった。

⑳指定病院等の

名称　東新宿病院　電話(　03　)　3456-7890

所在地　新宿区東新宿３－５－２　〒160-9999

㉑傷病の部位及び状態　右手首骨折

⑫の者については、⑩、⑰及び⑲に記載したとおりであることを証明します。　1年 7月 23日

事業の名称　株式会社 立花商店　電話(　03　)　3321-1123

事業場の所在地　品川区五反田１－２－３　〒141-0000

事業主の氏名　代表取締役　立花 太郎　(代表者印)

(法人その他の団体であるときはその名称及び代表者の氏名)

労働者の所属事業場の名称・所在地　電話(　　)　－

(注意)　1　労働者の所属事業場の名称・所在地については、労働者が直接所属する事業場が一括適用の取扱いを受けている場合に、労働者が直接所属する支店、工事現場等を記載してください。

2　派遣労働者について、療養補償給付のみの請求がなされる場合にあっては、派遣先事業主は、派遣元事業主が証明する事項の記載内容が事実と相違ない旨裏面に記載してください。

上記により療養補償給付たる療養の給付を請求します。　1年 7月 31日

品川　労働基準監督署長 殿

東新宿　(病院)・診療所・薬局・訪問看護事業者　経由

〒151-0000　電話(　03　)　3111-4222

請求人の

住所　渋谷区渋谷３２－１０　(　　方)

氏名　青木　光　(青木)

支給・不支給決定決議書

署長	副署長	課長	係長	係	決定年月日	・　・
					不支給の理由	
調査年月日	・　・	・　・	・　・			
復命書番号	第　　号	第　　号	第　　号			

(この欄は記入しないでください。)

※印の欄は記入しないでください。(職員が記入します。)

折り曲げる場合には(◀)の所を谷に折りさらに２つ折りにしてください。

第8章

その他、高年齢者雇用をサポートする制度

1 助成金とはどのようなものなのか

要件や実施期間は流動的なので随時確認する必要がある

助成金とは

企業がもらえる**助成金**にはさまざまなものがありますが、雇用関連の助成金は、より多くの労働者が安定した職についていられることに貢献した企業に支給するように作られています。

雇用関連の助成金は雇用対策のために作られていますから、原則として、人を雇い入れたとき、解雇などをせずに雇用の維持に努めたとき、教育訓練を行ったとき、再就職の支援を行ったときなど、雇用の創出や安定、労働者の能力アップや就職支援に貢献した場合に受給できるようになっています。他にもさまざまな助成金がありますが、各助成金制度の受給要件は異なります。実施時期も経済状況に応じて変化しています。

高年齢者の雇用に関わる助成金には、特定求職者雇用開発助成金、65歳超雇用推進助成金、中途採用等支援助成金といったものが代表的です。また、人材開発支援助成金、キャリアアップ助成金、人材確保等支援助成金、障害者雇用安定助成金なども高年齢労働者が対象に含まれます。制度の詳細まで把握することは困難でしょうが、大まかな特色だけでも知っておくと、どのような場合に助成金を受給できるのか、ある程度見当をつけることはできます。

なお、実際に助成金を受給するには、適切なタイミングで申請することが重要です。申請に必要な書類を提出したり、実施する前に実施計画を提出し認定を受けるといった一定の手続も必要です。助成金は、こうした手続を経て認められた場合に限って受給できるのです。受給した助成金は、返済する必要がないために、資金面ではかなり楽になります。

助成金をもらうために必要なこと（事業主の要件）

雇用関連の助成金は雇用保険を原資としています。したがって、助成金をもらうためには雇用保険に加入している会社であることが大前提となります（雇用保険被保険者が存在しなければなりません）。労災保険と雇用保険（この２つの保険をあわせて労働保険といいます）の保険料を滞納していないことや、半年以内に会社都合での解雇や退職勧奨を行っていないことなど、該当するともらえない事項も定められています。また、事業主や事業者の役員が暴力団と関りのある場合、不正受給による不支給決定や支給決定の取消を受けて５年を経過していない事業主などは雇用関係助成金を受給することはできません。ただ、こうした条件をクリアしていたとしても、それぞれの助成金制度で定められている申請期限内に申請しなければ受給できません。したがって、どのタイミングで申請すればよいか、事前に確認しておく必要があります。

申請時には労働者名簿や就業規則・雇用契約書、賃金台帳、出勤簿などの書類の提出を求められる場合がほとんどですので、事前に整備

■ 助成金をもらうには事前の準備が必要

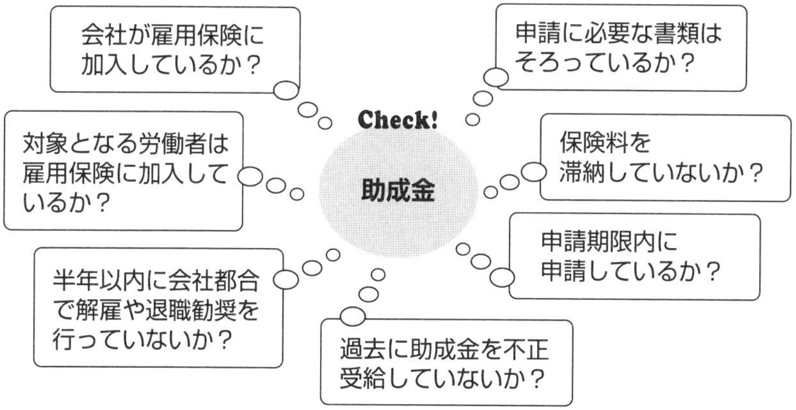

しておく必要があります。審査に必要な書類の提出や実地調査を求められた場合には、それに応じることも助成金の受給要件となっています。

国は雇用対策に力を入れていますから、厚生労働省や各都道府県の労働局やハローワークのホームページで、助成金制度の手続について細かく説明をしています。説明会が開催されている場合も多いので、積極的に参加して、担当者に条件などを確認するようにしましょう。

こうした時間をとれない場合には、社会保険労務士への依頼も検討してみましょう。社会保険労務士には、助成金をもらえるかどうかの事前調査を依頼したり、手続に必要な書類や申請書の作成を代行してもらうことができます。内容に応じて手数料がかかるので、依頼することで節約できる時間と支払う額が見合うかを確認し、必要に応じて依頼するとよいでしょう。

もらえない場合や増額される場合がある

それぞれの助成金の受給要件には、該当しなければもらえない条件、該当するともらえない条件が細かく規定されています。たとえば、特定求職者雇用開発助成金は、申請時や受給時より6か月前までの期間中に労働者を会社都合で解雇したり退職勧奨している場合には、助成金の受給がストップすることになっています。つまり、Aさんを会社都合で解雇して3か月後にBさんを雇い入れたとしても、そのBさんを雇い入れたことについて助成金を受給することはできないのです。これは雇用の創出や安定を目的としている助成金制度の趣旨から言って当然の措置といえるでしょう。

これらの要件を満たしていないにもかかわらず、満たしているように書類を改ざんして受給を受けようとするなどの行為は、不正受給として助成金が不支給となります。申請した助成金だけでなく、5年間は雇用関係助成金を受給できない、事業主名などが公表されるなど厳しい取扱いを受けます。実際に申請する際には、事前に受給要件を確認し、不明な点がある場合には、専門家に相談したり担当者に尋ねるようにしましょう。

また、生産性を増加させた企業には助成金を割増するという制度もあります。最近では働き方改革など労働生産性の向上が国を挙げての課題となっています。生産性は、アウトプット÷インプットで算出することができます。たとえば、インプットである時間外労働の削減を行い、アウトプットである売上を維持する、もしくは増加させることができたら、生産性を上げることができます。このような取組みを行っている企業を助成金で後押ししているのです。

中小企業とそれ以外であるかの違いで支給額が異なる

たいていの助成金は、申請する企業が中小企業か中小企業以外かによって支給額や支給割合に差をつけています。下図のように「資本金の額・出資の総額」か「常時雇用する労働者の数」のいずれかを満たす企業を中小企業と定義しています。たとえば、小売業で資本金が5,000万円、労働者が60名であった場合には、資本金が5,000万円を下回っているため中小企業に該当します。両方の条件を満たす必要はありません。

会社の形態によっては、資本金や出資金がない会社もあります。その場合には、「常時雇用する労働者数」のみで判断することになります。また、常時雇用する労働者数は、正社員だけでなくパートタイム労働者も含まれます。

■ 中小企業の定義

産業分類	資本金の額・出資の総額	常時雇用する労働者の数
小売業(飲食店を含む)	5000万円以下	50人以下
サービス業	5000万円以下	100人以下
卸売業	1億円以下	100人以下
その他の業種	3億円以下	300人以下

② 特定求職者雇用開発助成金について知っておこう

60歳以上の高年齢者を新たに雇用すると受給できる

特定求職者雇用開発助成金とは

企業が新たに労働者を雇い入れる場合に、高年齢者など就職がとくに困難な者を継続して雇用すると支給される助成金です。助成金の対象となる就職が困難な者には、高年齢者の他に障害者、母子家庭の母、東日本大震災による被災離職者、就職氷河期世代などがあります。特定求職者雇用開発助成金は、対象者別に８コースが設定されており、高年齢者については、60～64歳の高年齢者を対象とした「特定就職困難者コース」と65歳以上の高年齢者を対象とした「生涯現役コース」があります。

特定就職困難者コースの対象となる場合

まず、60～64歳の高年齢者を雇用する必要があります。年齢については、雇入れ日現在において満65歳未満であることが求められます。また、紹介を受けた日に失業状態である者を雇用しなければなりません。たとえば、60歳で定年を迎える労働者が、定年前に在職しながら定年後に就職する企業をハローワークで探し、紹介を受ける場合があります。この労働者は、紹介日時点では在職しており失業者ではないため助成金の対象とはなりません。

次に、２つの雇入れ条件を満たす必要があります。最も重要な雇入れ条件は、ハローワークなどを通じた紹介により採用することです。自社のホームページの求人募集から応募があった高年齢者を採用してしまうと、対象とはなりません。この場合にもハローワークを経由して応募してもらうようにうながす必要があるでしょう。また、ハローワークなどの紹介を受ける前に雇用の内定があった場合にも対象となりません。

他の雇入れ条件は、労働者の労働条件が65歳以上に達するまで継続雇用を実施し、かつ、雇用期間が２年間以上となることが確実であることです。これには、有期契約を更新して条件を満たす場合も含みます。

対象とならない場合は詳細に定められていますので、パンフレットなどで確認する必要があります。

特定就職困難者コースの支給額

支給額は、中小企業に該当する場合60万円、中小企業以外に該当する場合には50万円が支給されます。雇い入れた高年齢者が短時間労働者（週の所定労働時間が20時間以上30時間未満である者）については、それぞれ20万円が減額されます。

助成金は２回に分けて支給されます。対象労働者を雇入れの日から６か月単位で区分した「支給対象期」ごとに支給の可否が決定されます。つまり、雇入れの日から１年を２回に分けた支給対象期ごとに中小企業では30万円、中小企業以外では25万円が支給されます。

生涯現役コースの対象となる場合

生涯現役コースでは、雇入れ時において満65歳以上である者で失業状態にある者が対象となります。

また、生涯現役コースの雇入れ条件についても、特定就職困難者コースと同様、ハローワークなどの紹介によって雇い入れることが必要です。一方で、１年以上雇用することが雇入れ時点で確実であるという雇用期間の条件が特定就職困難者コースと異なります。

生涯現役コースの支給額

支給額は、中小企業に該当する場合70万円、中小企業以外に該当する場合には60万円となります。雇い入れた高年齢者が短時間労働者に該当する場合には、それぞれ20万円が減額されること、支給対象期ごとに２回に分けて支給される点は、特定就職困難者コースと同様です。

申請手続きはどのように行うのか

申請手続きは、特定就職困難者コースと生涯現役コースどちらも同じです。支給対象期ごとに、支給申請書と必要な書類を管轄の労働局に提出します。

申請期限は、それぞれの支給対象期の末日の翌日から起算して２か月以内となっています。この期間を過ぎると対象となる支給対象期の助成金を受給できないため注意が必要です。

■ 特定求職者雇用開発助成金の申請手続き ……………………………

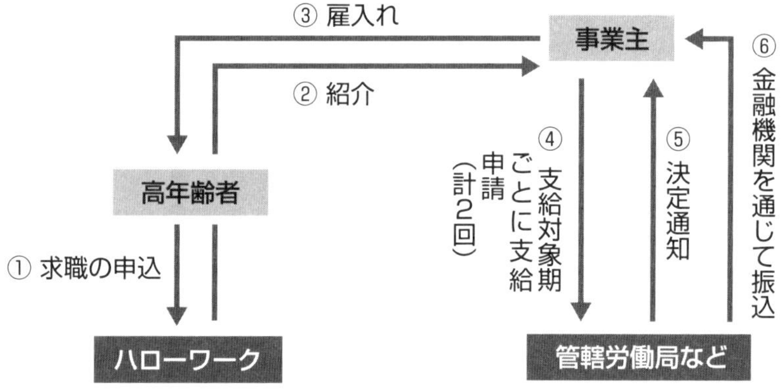

3 65歳超雇用推進助成金について知っておこう

定年年齢を65歳以上に引上げる場合などに支給される

どんな助成金なのか

65歳超雇用推進助成金は、３つのコースに分けられています。

①　65歳超継続雇用促進コース

このコースは、ⓐ65歳以上へ定年年齢を引き上げる、ⓑ定年の定めの廃止、ⓒ希望者全員を対象とした66歳以上の継続雇用制度の導入、のうちいずれかを実施した企業に対して助成金を支給します。

②　高年齢者評価制度等雇用管理改善コース

このコースでは、55歳以上の高年齢者に対して、能力開発、能力評価、賃金体系、労働時間等の雇用管理制度の見直し・導入、法定健康診断以外の健康診断制度（人間ドックなど）の導入を実施した場合に支給されます。あらかじめ、上記いずれかの措置を実施する計画（雇用管理整備計画書）を（独）高齢・障害・求職者雇用支援機構に提出し、認定を受けることが必要です。

③　高年齢者無期雇用転換コース

このコースでは、一定の条件に該当する50歳以上で定年年齢未満の有期契約労働者を無期雇用労働者に転換する措置を実施した企業に支給されます。このコースにおいても、あらかじめ「無期雇用転換計画書」を作成して、（独）高齢・障害・求職者雇用支援機構に提出し、認定を受けることが必要です。

すべてのコースに共通することですが、実施する内容については就業規則や労働協約などに規定する必要があります。他にも受給するための要件が詳細に定められているためパンフレットなどで確認する必要があります。

65歳超継続雇用促進コースの支給額

60歳以上の被保険者数と実施した措置の内容によって、10万円から160万円まで幅があります。たとえば、定年の引上げを65歳とし、改正前に比べて５歳引き上げた場合（定年年齢を60歳から65歳に引き上げた場合）には、60歳以上の被保険者数が１～２名の場合15万円、３～９名の場合100万円、10名以上の場合150万円などと決まっています。他にも、定年の定めの廃止、希望者全員を対象とした66歳以上の年齢まで雇用する継続雇用制度の導入の措置の内容ごとに詳細に支給額が決められています。

高年齢者評価制度等雇用管理改善コースの支給額

このコースでは実施した措置に要した経費の60%（中小企業以外は45%）が支給されます。生産性要件を満たした企業の場合は、75%（中小企業以外は60%）まで割増が行われます。

経費には、措置に必要な専門家などに対する委託費、必要となる機器、システム、ソフトウェアの導入費が該当します。

高年齢者無期雇用転換コースの支給額

支給額は、対象労働者１人について48万円（中小企業以外は38万円）です。生産性要件に該当する企業は、対象労働者１名につき60万円（中小企業以外は48万円）が支給されます。対象労働者の合計人数は、同一の適用事業所に対して年間10名の上限が設定されています。

申請手続き

65歳超雇用推進助成金の３つのコースの共通点として、支給申請書は（独）高齢・障害・求職者雇用支援機構の都道府県支部へ提出します。他の助成金の多くは所轄労働局やハローワークが提出先となっているので注意が必要です。

高年齢者評価制度等雇用管理改善コースと高年齢者無期雇用転換コースは、あらかじめ計画を提出し、認定を受けてから、必要な措置を実施する必要があるため、順序を間違えると受給できない可能性があります。大まかな受給手続きの流れは下図のとおりです。

■ 65歳超雇用推進助成金の申請手続き

① 65歳超継続雇用促進コース

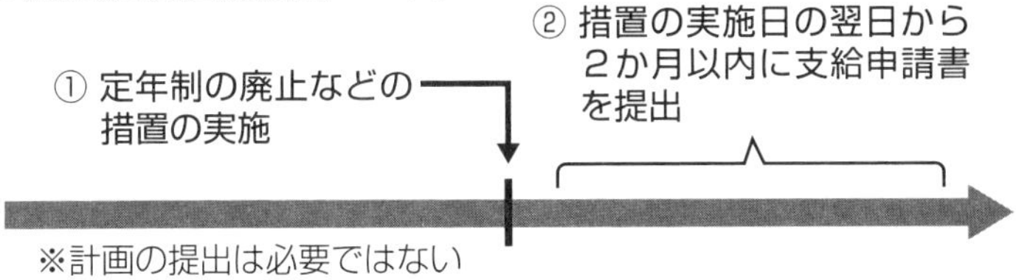

② 高年齢者評価制度等雇用管理改善コース

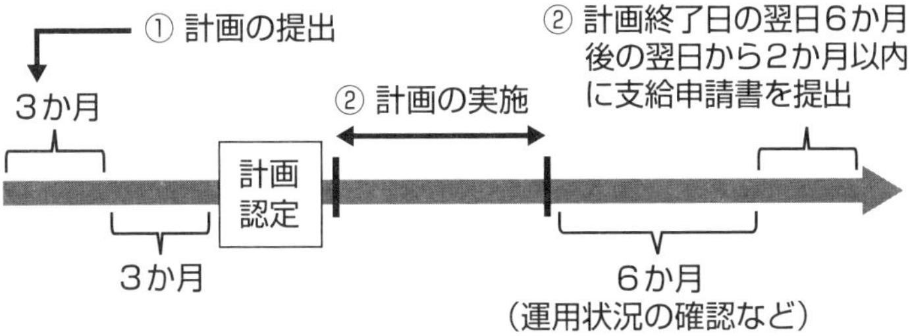

③ 高年齢者無期雇用転換コース

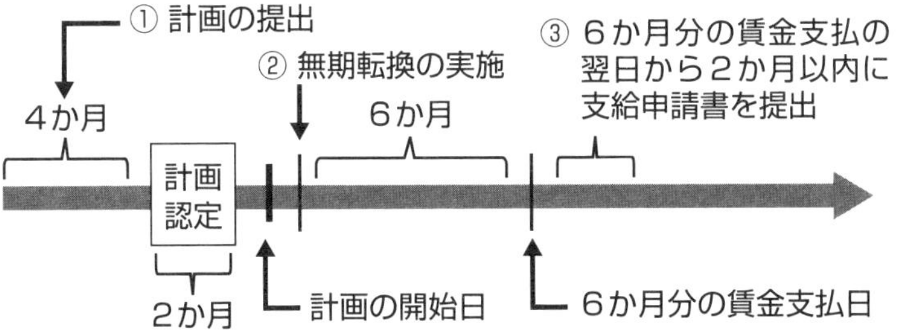

4 中途採用等支援助成金について知っておこう

40歳以上の中高年齢者の起業などに対して助成金を支給する

どんな助成金なのか

中途採用等支援助成金の中には、生涯現役起業支援コースとして中高年齢者が起業し、従業員として中高年齢者を雇用した場合に支給される助成金があります。この助成金では、中高年齢者を40歳以上であると定義しており、中高年齢者の起業による就業機会確保の創出と事業運営のために必要となる労働者（とくに中高年齢者）の雇用機会の創出を推進することを目的としています。

助成金は、雇用創出措置に係る助成金と生産性向上に係る助成金の２段階で支給されます。まず、雇用創出措置に係る助成金では、計画書の計画期間内（12か月以内）に要した費用の一部の助成を受けることができます。この費用には、募集・採用に関する費用と教育訓練に関する費用が含まれます。たとえば、従業員を雇用するために利用した民間有料職業紹介事業の利用料、求人情報掲載費用、採用パンフレットの作成費用、就職説明会の実施に関する費用、これらに要する交通費などがあります。また、就業規則などの策定費用、資格取得に関わる受験料や研修への受講料なども含まれます。

さらに、３年後に生産性を向上させた場合には生産性向上に係る助成金として２回目の支給がなされます。

支給要件

この助成金を得るためには、起業日から11か月以内に「雇用創出措置に係る計画書」を作成・提出し、労働局長の認定を受ける必要があります。また、この計画書は起業した者自ら作成するだけでは認定されず、国、地方公共団体、金融機関などから創業支援を受けていることなどの事業継続性の確認を受けておく必要があるため注意が必要です。

また、起業者の年齢は起業した日（法人は法人の設立日、個人事業主は開業届における事業を開始した日）において40歳以上でなければなりません。さらに、前述した雇用創出措置を実施して中高年齢者の労働者を中心に雇い入れる必要があります。助成金の対象となるには、計画期間内に①60歳以上の労働者を１名以上、②40歳以上60歳未満の労働者を２名以上、③40歳未満の対象労働者を３名以上、④40歳以上の労働者を１名以上、40歳未満の労働者を２名以上、のいずれか以上の人数を雇い入れる必要があります。雇い入れた労働者については、65歳以上に達するまで継続して雇用し、かつ、当該雇用期間が継続して１年以上あること、の両方を満たす必要があります。

生産性向上に係る助成金についても支給要件が規定されています。おもな内容は、計画書を提出した会計年度とその３年度経過後の会計年度を比較して、生産性が６％以上伸びているなどの生産性要件があります。生産性は、付加価値（営業利益＋人件費＋減価償却費＋賃借料＋租税公課）÷雇用保険被保険者数で算出します。計算については、記入するだけのエクセルファイルが用意されていますので、決算書類さえあれば簡単に作成することができます。

支給要件は詳細に定められているため、提出の前には労働局の担当者などに問い合わせてみましょう。

支給額

雇用創出措置に係る助成金の支給額は、起業日における年齢によって異なります。起業者の起業日における年齢が60歳以上である場合、雇用創出措置に要した費用の３分の２を乗じた額が支給されます（上限額200万円）。起業者の年齢が40歳以上60歳未満の場合には、雇用創出措置に要した費用の２分の１を乗じた額が支給されます（上限額

150万円)。また、教育訓練などに要した費用として他の助成金を受けていた場合には、併給調整が行われる場合があります。

生産性向上に係る助成金については、雇用創出措置に係る助成金の25%が別途支給されます。たとえば、雇用創出措置に係る助成金が100万円であった場合には、生産性向上に係る助成金は25万円が支給されます。雇用創出に係る助成金が不支給であった場合には生産性向上に係る助成金は支給されません。

申請手続き

申請の手続きは、①計画書を提出する段階、②雇用創出措置を実施した後に提出する段階、③生産性向上分に関して提出する段階に分けられます。それぞれの段階で必要書類は異なります。また、生産性向上分については3年経過後に申請するため、忘れないようにする必要があるでしょう。

■ 生涯現役企業支援コースの申請手続き

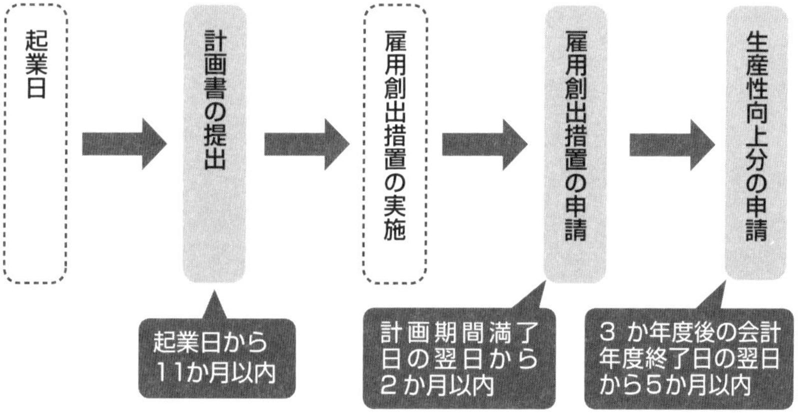

Column

その他にも活用できる助成金がある

特定求職者雇用開発助成金、65歳超雇用推進助成金、中途採用等支援助成金はおもに高年齢者を対象にした助成金でした。

高年齢者に対して、通常の労働者と同様に次のような措置を実施する場合は助成金の対象となります。有期契約で働く労働者を正社員化するキャリアアップ助成金や、労働者に必要な研修を受講させる場合には人材開発支援助成金、雇用環境の整備や設備の導入によって職場定着を支援する人材確保等支援助成金、障害者の職場定着を支援する障害者雇用安定助成金など、高年齢労働者が要件に該当する場合には幅広いケースで活用することができます。

雇用関係助成金の要件となる措置については、就業規則の変更を要件としているものが多く、それらの措置を継続的に実施することが求められます。そのため、一度だけ支給される助成金を目的にするのではなく、コストや制度面など継続的に実施可能か検討をする必要があります。

この他、高年齢労働者安全衛生対策補助金（エイジフレンドリー補助金）という補助金もあります。この補助金は令和２年度以降に受付が開始される予定となっており、高年齢労働者の労働災害の発生が増加する中で、高年齢労働者の安全・健康の確保を図る中小企業などを対象に補助金が支給されます。補助金の対象となる取組みには、自動ブレーキや踏み間違い防止装置付き車両の導入、熱中症防止ファン付き作業着の導入などの設備導入、安全衛生教育、ウェアラブル端末を活用したバイタルデータの見える化など、健康確保のための取組みがあります。これらの取組みに要した費用の２分の１が補助金として支給されます。上限は100万円となる予定です。

【監修者紹介】
森島　大吾（もりしま　だいご）

1986 年生まれ。三重県出身。社会保険労務士、中小企業診断士。三重大学大学院卒業。観光業で人事労務に従事後、介護施設で人事労務から経営企画、経理まで幅広い業務に従事する。
2020 年 1 月に「いちい経営事務所」を開設。会社員時代には、従業員の上司には言えない悩みや提案を聞くことが多く、開業してからも経営者の悩みに共感し寄り添うことをモットーに、ネガティブな感情をポジティブな感情に動かす『感動サービス』の提供を行っている。人事労務から経理まで多岐にわたる業務に従事していた経験と中小企業診断士の知識を活かして、給与計算代行や労働保険・社会保険の手続き代行だけでなく、経営戦略に寄与する人事戦略・労務戦略の立案も行い、ヒト・モノ・カネの最大化に向けたサポートをしている。
監修書に、「入門図解 テレワーク・副業兼業の法律と導入手続き実践マニュアル」（小社刊）がある。

事業者必携
70歳雇用延長に対応！
入門図解
高年齢者雇用安定法の知識

2020年7月30日　第１刷発行

監修者　森《もり》島《しま》大《だい》吾《ご》
発行者　前田俊秀
発行所　株式会社三修社
〒150-0001　東京都渋谷区神宮前2-2-22
TEL　03-3405-4511　FAX　03-3405-4522
振替　00190-9-72758
http://www.sanshusha.co.jp
編集担当　北村英治
印刷所　萩原印刷株式会社
製本所　牧製本印刷株式会社

ISBN978-4-384-04846-9 C2032